Wandern auf Korsika

Alo Miller
Nikolaus Miller

W0190699

Inhalt

Wandern auf Korsika

Wandersaison

Die beste Wanderzeit für Korsika sind die Monate April bis September. Im Hochsommer wird man kühlende Wälder oder luftige Höhen der schattenlosen, im Frühsommer üppig blühenden Macchia vorziehen. Während Küstenwanderungen sogar im Winter reizvoll sind, fallen Hochgebirgswanderungen schon deshalb in die heiße Jahreszeit, weil über 1200 m bis in den Mai hinein Schnee liegt.

Anspruch

In der Rubrik »Die Wanderung in Kürze« wird jeweils darauf hingewiesen, ob es sich bei der Wanderung um eine einfache (+), eine mittelschwere (++) oder eine anspruchsvolle (+++) Tour handelt.

Gehzeiten

Alle in diesem Wanderführer aufgeführten Zeiten verstehen sich als reine Gehzeiten. Rechnen Sie bei der Planung einer Tour sicherheitshalber noch etwa ein Fünftel bis ein Viertel der Zeit hinzu, um Pausen für Rast, Schauen, Fotografieren, Abstecher oder schlimmstenfalls ein Verlaufen zu berücksichtigen.

Ausrüstung

Die Pfade in Korsika sind oft holprig und steil, die Böden steinig oder von Tieren aufgewühlt, so dass auch im unteren, küstennahen Bereich festes Schuhwerk (Leichtberg- oder Trekkingstiefel) erforderlich ist. Bei Bergwanderungen sollte man grundsätzlich wetterfeste und warme Kleidung im Rucksack haben. Zur Gelenkentlastung sind Teleskopstöcke nützlich. Ob an der Küste oder gipfelnah: Sonnenschutz ist unerlässlich (Kopfbedeckung, Creme, Sonnenbrille). Auch sollte man ausreichend Flüssigkeit mit sich führen, Trinkflaschen kann man an Quellen wieder auffüllen. Da die entvölkerten Dörfer oft nur von rollenden Läden versorgt werden und Bar-Restaurants außerhalb der Saison häufig geschlossen haben, ist auch an Proviant zu denken. Verbandszeug und Trillerpfeife für den Notfall nicht vergessen.

Wanderkarten

Zu empfehlen sind die Karten des IGN (Institut Géographique National). Es gibt je eine Wanderkarte für Nordkorsika (Nr. 20) und Südkorsika (Nr. 23) im Maßstab 1:50 000, wobei allerdings einige Küstenabschnitte fehlen. Daneben existieren 19 Karten aus der blauen Serie im Maßstab 1:25 000, die die ganze Insel abdecken (Nr. 4149–54, 4249–55, 4347–54).

Bergwetterdienst

Tel. 3250 (Méteo France), dann 4 (Berge), dann 1 (Massiv), dann 20 (Korsika): Sie erhalten die 3 x tgl. aktualisierte Vorhersage vom Band (franz.).

Sicherheit

Gehen Sie nie alleine los. Entnehmen Sie dem Wetterbericht *(météo)*, ob Gewitter *(orages)* drohen. Im Gebirge kann ein Wettersturz gefährlich sein, wenn Bäche anschwellen und Pfade glitschig oder unpassierbar werden.

Notruf

Notarzt/Krankenwagen: Tel. 15; **Polizei,** Tel. 17; **Feuerwehr:** Tel. 18
Alpines Notsignal: 6x/Min. (alle 10 Sek.) optisches oder akustisches Signal (Rufen, Pfeifen, Winken), 3 Min. Pause, dann wiederholen. Antwort: 3 x/Min. ein Signal.

Umweltschutz

Bitte keine geschützten Pflanzen pflücken und Zaungatter schließen. Keinesfalls Feuer machen. Durch die Trockenheit kann schon ein Funke zu einer Brandkatastrophe führen.

Mit Bus und Bahn

Die zwischen Bastia, Calvi und Ajaccio verkehrende Bahn (»Micheline«) ist zuverlässig mit hohem Erlebniswert. Busse fahren auch auf den Hauptstrecken entlang der Küste meist nur 1 x morgens, 1 x abends, sonntags gar nicht. Informationen über Fahrtzeiten erteilen die Fremdenverkehrsbüros.

SYMBOLE IN DEN KARTEN

- ⌂ Gasthaus, Berghütte (bewirtschaftet)
- ♠ Schutzhütte, Unterstand (unbewirtschaftet)
- ♂ Kapelle
- ✚ Kloster
- ♦ Burg
- ✦ Burgruine
- ♦ Genueserturm
  Archäologische Stätte, Ruine
- ✿ Mühle
- † Wegkreuz, Bildstock

- ⋒ Höhle
- o Quelle
- ⌇ Wasserfall
- ♠ Markanter Nadelbaum
  Markanter Laubbaum
- ⚲ Sendemast
- ══ Hauptstraße
- ══ Nebenstraße
- ── Fahrweg/Forststraße
- ── Feld-/Waldweg
- ---- Pfad

Das korsische Dorf

Das korsische Dorf ist eine geschlossene Siedlung, die oft Festungscharakter aufweist. Dies gilt besonders für die ›Adlernester‹, die sich hinter der Küste auf Bergsporen erheben, während die noch höher liegenden eigentlichen Bergdörfer des Landesinneren mit ihrer vergleichsweise lockeren Struktur nicht gerade als Fliehburgen erscheinen. Alle diese *paesi,* wie sie in korsischer Sprache heißen, bestehen aus mehrgeschossigen Kastenhäusern, die mit dem feudalen Typus des Turmhauses verwandt sind und sich von den *maisons nobles* und *palazzi* des 19. Jh. als düstere, schmucklose, unverputzte Bauernhäuser abheben. Denn sie sind aus lokalem Bruchstein (Granit oder Schiefer) meist ohne Mörtel zusammengefügt und mit Holzschindeln, Steinplatten oder Ziegeln bedeckt.

Es sind Wohnhäuser, die als unteilbare Familienstammsitze heute oft leer stehen, weil die Erben das Verbot der Erbteilung noch achten, wenn sie längst weggezogen sind. Die *casa* gehört ja der ganzen Sippe, die früher zwar die verschiedenen Schlafräume unter den Familienmitgliedern verteilte und von Generation zu Generation entsprechende Anbauten vornahm, den zentralen Wohnraum *(salla)* aber gemeinschaftlich nutzte. Er war der halb öffentliche Ort, zu dem Nachbarn und Freunde jeder Zeit Zutritt hatten. Wo am offenen Feuer gekocht, gegessen, diskutiert wurde und nachts – unter den an der Wand hängenden Gewehren – die ledigen Männer schliefen.

Viele häusliche Tätigkeiten und Verrichtungen erledigte man auch auf der *piazza,* die als nach draußen verlängerter Gemeinschaftsraum empfunden wurde und neben Holz- und Werkzeugschuppen auch einem Backofen Platz bot. *Tre case e un fornu,* drei Häuser und ein Backofen, heißt die Grundformel, nach der die wachsenden Familien so genannte Blöcke, Nachbarschaften, bildeten. Der korsische Bauer brachte zwar in den Kellerräumen des Erdgeschosses noch ein, zwei Ziegen, einen Maulesel, den Käsevorrat oder die Weinpresse unter, einen Bauernhof im mitteleuropäischen Sinne hatte er jedoch nicht. Denn alle Wirtschaftsgebäude, ob Heuschober, Kastanienofen oder Ölmühle befanden sich irgendwo im Dorf oder gar außerhalb in freier Natur.

Neben dem Backofen gehörten Dorfbrunnen und Waschplatz zu den wichtigen Gemeinschaftseinrichtungen, an denen sich vor allem die Frauen einfanden. Kapelle und Schule, Krämerläden und Bars, Friedhof und Familiengräber kamen hinzu. Die Pfarrkirche steht oft außerhalb des Dorfes, da sie als Kult- und Verwaltungszentrum mehrere Gemeinden versorgt. Schließlich besitzt jedes korsische Dorf seine republikanischen Institutionen, das obeliskenförmige Kriegerdenkmal und die *mairie* als Amtssitz des Bürgermeisters, der als gewählter Clanchef die wichtigsten Unterredungen freilich nach wie vor in seiner *salla* abhält. All dies ist noch Gegenwart und erinnert doch an bessere Zeiten. Wenn man heute in den korsischen Dörfern seine Entdeckungen macht, vermisst man nämlich vor allem eines: die Menschen.

Die Entvölkerung der Dörfer hat in den letzten Jahrzehnten dramatische Ausmaße angenommen. An der Küste, in den Städten, auf dem Festland bietet der Arbeitsmarkt Verdienstmöglichkeiten, die im Inselinneren kaum existieren, zumal es sich immer weniger lohnt, als Schreiner, Metzger oder Bäcker in einem verwaisten Weiler die Stellung zu halten. Mit ihren abgezählten Baguettes und »Corse-Matin«-Exemplaren machen inzwischen rollende Läden die Runde. Die wenigen Schüler werden von Sammelbussen aufgelesen, und für größere Einkäufe, Arztbesuche und Behördengänge bleibt auch den anderen Dorfbewohnern nur die Fahrt in die Stadt. Es sind – von Pendlern und Viehzüchtern im Nebenerwerb einmal abgesehen – vor allem alte Leute, die entweder den Absprung nie versucht haben oder nach 20, 30 Exiljahren als Pensionisten in die Heimat zurückgekehrt sind. Nun hausen sie oft allein im geräumigen Turmhaus und setzen sich wie früher auf die Piazza, von der das Café vielleicht schon verschwunden ist.

Glücklicherweise gibt es aber auch junge Idealisten, die in die Dörfer zurückkehren, weil ihnen ihre ›Identität‹ wichtiger ist als der vermeintlich einträgliche Job. Sie arbeiten für die Parkbehörde, legen Wege an, restaurieren die Natursteinhäuser und pflegen die alten Handwerkstraditionen. So sind in jüngster Zeit viele Ferienhäuser *(gîtes),* Etappenquartiere *(gîtes d'étape)* und Landgasthöfe *(ferme auberges)* entstanden, die zunehmend Urlauber von den Stränden ins Inselinnere locken und den Wanderern sehr gelegen kommen. Der französische Staat fördert diese Einrichtungen des grünen Tourismus und zeigt so sein Interesse am Erhalt des korsischen Dorfes.

Macchia oder die Banditenehre

Prosper Mérimée beginnt seine Novelle über den korsischen Banditen Mateo Falcone (1829) mit einer Beschreibung der Macchia. »Die Macchia ist die Heimat der korsischen Hirten und all derer, die mit dem Gesetz in Konflikt gekommen sind«, notiert er, und weiter: »Hat jemand einen Menschen getötet, so gehe er in die Macchia und er wird mit einer guten Flinte, Pulver und Kugeln in Sicherheit leben.« Der französische Begriff *maquis* hat entsprechend eine doppelte Bedeutung. Der erste Eintrag im Lexikon bezieht sich auf die typisch mediterrane Buschvegetation. Der zweite ist gleichbedeutend mit »Untergrund« und »Widerstand«. Es ist diese zweite, mythische Dimension, die in Korsika noch heute Erzählstoff abgibt und die Macchia mit den legendären Banditen des 19. Jh. assoziiert. Ur-

sprünglich Bauern oder Hirten, hatten sie sich ihr Recht selbst genommen und einen Landräuber oder Viehdieb ermordet. Verwaltung, Justiz und Polizei waren für diese korsischen Naturburschen französische Einrichtungen, die sie nicht brauchten und daher selbstbewusst ignorierten. Wenn sie in ihren ›gerechten‹ Umtrieben von Staats wegen belästigt wurden, konnte es sogar passieren, dass sie in Notwehr einen Polizisten oder Forstbeamten töteten. Dann tauchten sie unter und zeigten sich gelegentlich als bewunderte Ehrenmänner im Dorf.

Die korsische Macchia ist die üppigste und artenreichste des Mittelmeerraums. Ihren Namen hat sie von der Zistrose (kors. *mucchiu*), die ganze Hänge mit kniehohen Büschen überwuchert. Daneben gehören Myrte, Mastixstrauch und

Ginster zu den Hauptpflanzen des typischen Macchia-Buschwaldes, der mit Baumheide und Erdbeerbäumen untermischt bis zu 5 m Höhe erreichen kann. Auf kargen Böden stößt man auf eine nur 1 m hohe Kümmerform, die – in Anlehnung an den provenzalischen Namen der Kermeseiche *(garoulia)* – als Garrigue bezeichnet wird. Zusammen mit den zahllosen Kräutern wie Minze, Salbei, Majoran, Rosmarin und Lavendel tragen die an ätherischen Ölen reichen Straucharten zu dem unverwechselbaren Aroma bei, das bei morgendlicher Ankunft mit dem Schiff (Land- statt Seebrise!) schon weit vor der Küste wahrzunehmen ist. Man kann also Napoleon seine oft zitierte Behauptung glauben, dass er die »Ile parfumée« an ihrem Duft erkannte.

Auf der gebirgigen Mittelmeerinsel bildet die Macchia eine variabel ausgedehnte Vegetationsstufe im Höhenbereich von 50 bis 800 m. Sie trennt die meernahe Anbauzone mit ihren Ölbäumen, Dattelpalmen, Feigen- und Agrumenkulturen vom Bergwald, der oberhalb der Kastanienhaine vor allem aus Buchen und Lariciokiefern besteht. Aber auch die Macchia hat ihren Hauptbaum, der auf trockenen, oft felsigen, aber ebenso auf relativ tiefgründigen, frischen Standorten gedeiht: die Steineiche. Das immergrüne Hartlaubgewächs bildet die oberste und letzte Etage der Macchia, die als Nachfolgevegetation meist verlassene Kulturen oder zerstörten Hochwald ablöst. Steineichenwald, Buschwald, Strauchheide und Grasheide sind – in dieser Reihenfolge – nebeneinander existierende Degenerationsstadien, die in unterschiedlichem Ausmaß von Überweidung und Bränden zeugen.

Die außer Kontrolle geratenen Waldbrände nehmen ihren Ausgang fast immer von der leicht entflammbaren Macchia. Sicher spielt auch die unachtsam weggeworfene Zigarettenkippe eine Rolle. Aber es riecht nach systematischem Gesetzesbruch. Und in der Tat: 90 % der Fälle gehen auf Brandstiftung zurück, wobei die Pyromanen als viel beachtete ›Verrückte‹ eher dazu da sind, die Empörung von den Haupttätern fernzuhalten. Sie sind leicht zu ermitteln, da sie als Hirten und Bauspekulanten zu den ortsbekannten Nutznießern der Brände gehören. Die Viehzüchter haben im Frühjahr frisches Gras für ihre Herden, wenn sie die üppig wuchernde Macchia vor dem Winterregen abflämmen. Und Käufer abgebrannter Terrains bekommen für entwertete Grundstücke leichter Baugenehmigungen. Wenn Starkwind aufkommt, sind diese professionellen Brandstifter regelmäßig zur Stelle. Während die Feuerwehr und ihre freiwilligen Helfer in die Wälder ausrücken, geißeln die Schuldigen in den Küstenkneipen scheinheilig die mangelhaften Entstrauchungsmaßnahmen der Gemeinden. Auf das »Gesetz des Schweigens« können sie sich verlassen, aber mit dem Ansehen der früheren Banditen nicht mithalten. Denn schnödes Nutzdenken treibt sie in den Gesetzesbruch, der entsprechend kleinmütig kalkuliert und planmäßig verschleiert wird. Keine Spur von Widerstand, der nur im politischen Separatismus fortlebt. Aber das ist eine andere Geschichte, die noch viel mit Ehre, aber kaum mehr etwas mit der Macchia zu tun hat.

Korsika kulinarisch

Die landschaftliche Vielfalt Korsikas erlebt der Genießer nicht nur mit dem Auge, das von der Küste zu den Dorfgärten schweift und hoch über dem Macchiastreifen die Bergwälder erreicht. Er kostet die ganze Palette noch einmal mit Nase, Geist und Gaumen, wenn er auf dem Markt einkaufen geht, das Picknick aus dem Rucksack holt oder in einer Dorf-Auberge einkehrt. Das Mittelmeer liefert den täglich frischen Fisch, die Gärten quellen über von mediterranen Gemüsen und Südfrüchten, aus der Macchia kommen die Aromen von Honig, Marmelade, Gewürz, Likör, und der Bergwald offeriert schmackhaftes Wildbret.

Drei Kulturen bilden die Pfeiler der korsischen Küche. Da ist erstens der **Olivenbaum,** der seit der Genueserherrschaft auf Terrassen angepflanzt wurde und später manche Dörfer reich machte. Das für die Mittel-meerküche geschmackstypische und wegen seiner ungesättigten Fettsäuren so gesunde Olivenöl ist also in Korsika allgegenwärtig.

Das galt bis vor kurzem auch für die **Kastanie,** die als zweites Grundnahrungsmittel lange Zeit das Getreide ersetzte. Die dorfnahen Kastanienhaine waren jahrhundertelang Gemeineigentum und noch heute produzieren in der Castagniccia, in Tasso und rund um Bocognano ganze Dörfer beachtliche Mengen Kastanienmehl. Die korsischen Maronen werden aber nicht nur in Backwaren, sondern auch in Pasteten, Suppen und Bratengerichten verarbeitet.

Immer und überall begleitet uns beim Essen in Korsika der **Wein,** der in allen sonnigen Winkeln der Insel angebaut und aus typisch mediterranen Rebsorten (Cinsault, Grenache, Malvasia, Sangiovese, Scia-

carello) gekeltert wird. Besonders beliebt ist übrigens der Rosé, der hier ein fein würziges Bukett entfaltet.

Die Nähe zur italienischen und provenzalischen Küche zeigt sich immer wieder. So bekommt man überall Pasta sciutta, Lasagne, Ravioli und Cannelloni, die jedoch mit korsischen Käse- und Fleischfüllungen überraschen. Neben den Nudelgerichten verrät auch die Polenta italienischen Einfluss, wobei in Korsika das Mais- in der Regel durch Kastanienmehl ersetzt wird. Nicht zu vergessen die Gemüsesuppe, eine besonders kräftige Minestrone, die mit ihrer Kombination aus Bohnen, Kohl und Speck meist als »Bauernsuppe« angeboten wird. Südfranzösisch mutet eher die Fischsuppe an, eine Art Bouillabaisse, die auf der Insel *aziminu* heißt und deutlich mehr Krebsschwänze und Edelfische (Rougets) enthält als das Pendant in Marseille.

Aber die Qualität der korsischen Küche steht und fällt mit dem hervorragenden **Fleisch,** speziell dem der Halbwildschweine. Sie durchforsten die Kastanienhaine und Steineichenmacchia nach Maronen und Eicheln, verschmähen auch häusliche Essensreste nicht und lassen sich bei Gelegenheit mit echten Wildschweinen ein, so dass sie uns auf Parkplätzen oder Wanderwegen in rosa-schwarzen Mischlingsfarben begegnen. Die exquisite Nahrung, mit der sich diese freilaufenden Tiere behaglich gemästet haben, macht ihr Fleisch besonders schmackhaft. Ob *lonzu* (Filet), *coppa* (Roulade), *prisuttu* (roher Schinken) oder *figatelli* (Räucherwürste) – die *charcuterie corse* ist eine Feinkostware, die in traditionellen Handwerksbetrieben hergestellt wird und ihren Preis hat. Wenn sie billig im Supermarkt auftaucht, versteckt sich unter demselben Label mit Sicherheit Importfleisch.

Die andere korsische Spezialität ist der **Käse**. Er kommt traditionell aus der Almwirtschaft und kann seine Herkunft nicht verleugnen, schmeckt also nach Niolu, Asco-Tal oder Désert des Agriates, je nachdem. In Korsika produziert man Ziegen- *(chèvre)* oder Schafskäse *(brebis),* der frisch *(frais),* mittelalt *(fait)* oder alt *(vieux)* konsumiert wird. Eine besondere Delikatesse ist der Frischkäse namens *brocciu,* »brutsch« ausgesprochen. Dieses Mischprodukt aus erhitzter Molke und Vollmilch, eher Quark als Käse, wird von Oktober bis Juni hergestellt. Der *brocciu* dient als Füllung von Nudeln, Omelettes und Gebäck, wird aber auch »nature« verzehrt: Mit etwas Zucker bestreut und mit einigen Tropfen Schnaps beträufelt, ist er neben dem Kastanienkuchen das klassische Dessert.

Die Bergerie

Korsika ist traditionell ein Land der Hirten. Wie in anderen Gebirgsregionen wird auch hier das Vieh im Sommer auf die Bergalm, im Winter in die Täler getrieben. Man spricht jedoch von einer »invertierten Transhumanz«, weil die Hirten früher nicht unten an der Küste, sondern oben im Bergland zu Hause waren. Ihre *casa* stand meist nicht weit von der Sommerweide in einem hoch gelegenen Dorf, so dass sie die nötigen Nahrungsmittel und Gerätschaften problemlos auf die Alm hochbringen konnten. Dort hatten sie ihre Bergerie, eine kleine Käserei mit Wohnhütte und Tierpferchen. Als Wanderer stößt man häufig auf diese Anlagen, die heute meist verfallen, manchmal aber noch in Betrieb sind.

Mit ihrem System von Mauern, die aus grob aufeinander geschichteten Bruchsteinen gebaut sind, umfasst die Bergerie im Zentrum eine meist fensterlose, aus einem einzigen Raum bestehende, mit Bett, Tisch und Feuerstelle ausgestattete Hütte, deren Tür als Rauchabzug und Lichtspender tagsüber offen steht. Sie thront festungsähnlich auf einer torlosen Umwallung, die den Schafen, Ziegen, Schweinen und Maultieren den Zugang verwehrt und einen kleinen Hof einschließt. Auf diesem häuslichen Arbeitsplatz (Kochen, Käsen) steht, fest in den Boden gerammt, eine tote Astgabel, an der Milchkannen und Siedebottiche hängen. Als Reifekeller, in dem der Käse gesalzen, gewaschen, geformt, gelagert wird, dient, wenn keine Grotte in der Nähe ist, ein Bau mit besonders dickem Mauerwerk, der eine Temperatur von 12–13 °C halten kann. Im weiteren Umkreis schließen sich die Schaf- und Ziegenpferche an.

Die Lage jeder Bergerie gehorcht einer Reihe funktionaler Notwendigkeiten. Auf einer Kuppe oder zentral im Hochtal gelegen, erlaubt sie die Beobachtung der fern weidenden Herde. Eine Quelle oder ein Bach liefert frisches Wasser, das nicht nur als »Hirtenwein« degustiert, sondern zum Spülen des Küchen- und Käsereigeschirrs erforderlich ist. Zur Käseherstellung, aber auch zur Beheizung – im Hochgebirge sinken die Temperaturen abends empfindlich – braucht es Brennholz, das in einem nicht allzu fern gelegenen Wald beschafft werden kann. Die Nähe feucht-kühler Felsen ist ideal für die Käselagerung, wenn andererseits keine Steinschlaggefahr besteht. Schließlich sollte die Bergerie nicht mehr als 2–3 km von der nächsten entfernt liegen, damit schnell (Aus-)Hilfe geholt und die Arbeit gegebenenfalls geteilt werden kann.

Die Herde wird tagsüber sich selbst überlassen und vagabundiert auf einem durch das Relief und den Sonnenstand programmierten Kurs über die Weide. Der mit der Käsefertigung beschäftigte Hirte schickt die Tiere nur morgens in eine bestimmte Richtung und kann sie dann von der Bergerie aus mit dem Fernglas noch mehr oder weniger lang beobachten, bis er sie abends wieder einsammelt. Der Hund dient nur als Nachtwächter und schützt Schafe und Ziegen vor dem Fuchs. Um die Herde ohne Aufsicht beisammenzuhalten, gibt es sanftere und wirkungsvollere Mittel. Erstens besteht die Herde aus blutsverwandten Gruppen von Müttern-Töchtern-Enkeltöchtern, die den Weideparcours gemeinsam durchlaufen. Zweitens wird die Herde von einem kastrierten Tier angeführt, das eine Glocke trägt und als Herdenpatriarch eine Leader-Rolle innehat. Wenn sich trotzdem einzelne Tiere verirren, können sie auf Grund ihrer Ohrzeichnung dem Besitzer zurückgegeben werden, falls dieser seine Problemfälle nicht schon vorsichtshalber mit extra Glöckchen ausstattet, damit er sie unschwer wieder aufstöbern kann.

Die Almzeit endet am 8. September mit dem dreitägigen Hirtenfest in Casamaccioli (La Santa). Danach werden die Herden auf die Winterweiden hinuntergetrieben, wo sie nicht mehr frei herumlaufen können, sondern auf eingegrenztem Terrain unter Aufsicht stehen. Früher bezogen die zur Präsenz verdammten Hirten dort temporäre Quartiere, die von Heuschobern oder Geräteschuppen nur schwer zu unterscheiden waren. Heute lebt die Familie meist ganzjährig an der Küste, wo die Kinder zur Schule gehen und die Frau einkaufen kann. Überhaupt ist der ›Hirtenberuf‹ längst keine Existenzgrundlage mehr. Er wird, als Alternative zur Arbeitslosigkeit, nur noch von einzelnen, meist ledigen Familienmitgliedern vorübergehend ausgeübt.

Auf Zöllnerpfaden zur Nordspitze

Küstenwanderung bei Macinaggio

Ein abwechslungsreicher Pfad führt nördlich von Macinaggio die Ostküste entlang. Es bieten sich schöne Ausblicke auf einsame Buchten, bizarre Felsinseln, drei Genuesertürme. Die Wanderung lässt sich mit Badefreuden verbinden und jederzeit abkürzen.

DIE WANDERUNG IN KÜRZE

+ Anspruch	**Charakter:** Leichte Küstenwanderung, abwechselnd Piste und markierter Pfad, kaum Schatten	Bar-Restaurants in Macinaggio
3.30 Std. Gehzeit	**Ausrüstung:** Trinkwasser, Badezeug	**Anfahrt:** Mit dem **Auto** von Bastia auf der D 80 nach Macinaggio, dort zum Campingplatz U Stazzu, evtl. auf der Piste bis zur Tamarone-Bucht
	Wanderkarte: IGN 4347 OT, Cap Corse	
12 km Länge	**Einkehrmöglichkeiten:** Strandbar an der Tamarone-Bucht (Hochsaison),	

Auf der Höhe des Hafens von **Macinaggio** führt die Straße (D 80) in einer Linkskurve von der Küste weg. Gleich nach der Biegung zweigt rechts ein Sträßchen ab zum **Campingplatz U Stazzu.** Dort beginnt die Wanderung, die wir bald auf einer übersichtlichen Tafel angezeigt finden. Sie führt mitten hinein ins Naturschutzgebiet Capandola.

Wir folgen zunächst noch dem Fahrweg, der ohne Asphaltdecke nun tiefe Rinnen aufweist und oberhalb der Macinaggio-Bucht in sanftem Auf und Ab nach Norden führt. Vor uns erhebt sich die betürmte Landzunge Punta di a Coscia, die wir bald rechts liegen lassen. Nach 20 Min. senkt sich die Piste hinunter zur **Tamarone-Bucht,** die wir nach weiteren 10 Min. erreichen. Sie liegt weit geschwungen vor einer eindrucksvollen Inselkulisse (Capraja, Finocchiarola-Inseln) und ist ein beliebter Badeplatz mit hübscher Strandbar. Der dortige Parkplatz ist nun auch für die hartnäckigsten Autofahrer Endstation.

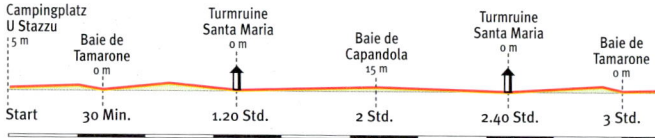

Campingplatz U Stazzu 5 m	Baie de Tamarone 0 m	Turmruine Santa Maria 0 m	Baie de Capandola 15 m	Turmruine Santa Maria 0 m	Baie de Tamarone 0 m
Start	30 Min.	1.20 Std.	2 Std.	2.40 Std.	3 Std.

Turmruine von Santa Maria

Campingplatz
U Stazzu
5 m

3.30 Std.

12 km

An der Strandbar vorbei weist ein Schild auf den **Zöllnerpfad** *(Sentier douanier)*. Dieser alte Küstenweg existiert seit genuesischer Zeit und war die Strecke der Turmwächter, die auch mit dem Eintreiben von Zöllen und Steuern beauftragt waren. Der

Küstenwanderung bei Macinaggio

Tour d'Agnello, Giraglia
Baie de Capandola
22 m

C A P A N D O L A

33 m

Pointe Morese
50 m

Cala Francese

Punta Vecchia
Cala Genovese

Pointe Dalmuchie
100 m

11 m

Turmruine
Santa Maria

Rade de Santa Maria

Cugliolo

SELVE

Santa Maria
della Chiapella

61 m

Diceppo

154 m

Barolasco

TERRE ROSSE

169 m

Monte di
a Guardia
111 m

Stanti
298 m

Santa Restituta

49 m

233 m

TAMARONE

CRÊTE DE LISCHISOIO

140 m

Baie de

Tamarone

107 m

20 m

STAGNOLI

94 m

57 m

Albuccettu
104 m

Punta
di a Coscia

Bergerie

Molinello

U Stazzu

Baie de

START

Macinaggio

MACINAGGIO

D80

Bastia

P A L O N G O

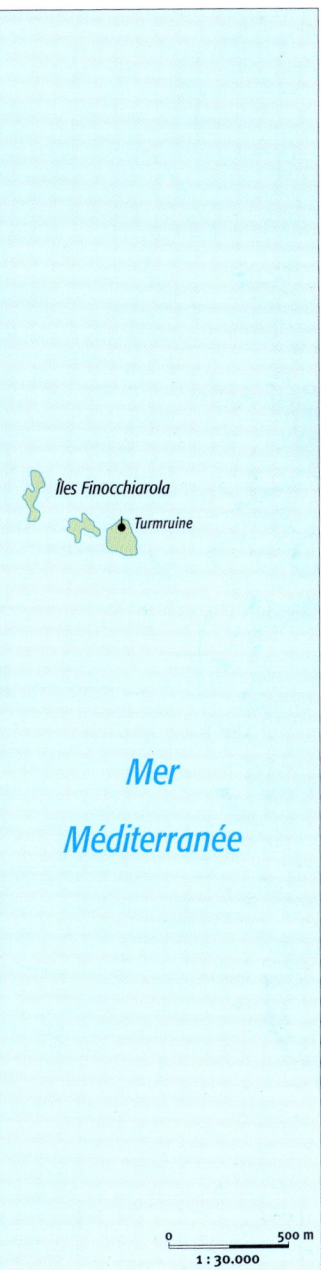

Îles Finocchiarola

Turmruine

Mer

Méditerranée

0   500 m
1 : 30.000

Pfad führt zunächst meernah durch die Dünen. Wir überschreiten den Barolasco, ein aus der Macchia strömendes Rinnsal, und kommen an eine Gabelung. Links führt ein Weg landeinwärts, rechts der Zöllnerpfad weiter die Küste entlang. Ihm folgen wir durch ein Weidegatter hindurch auf felsiges Terrain. Es geht aufwärts und wir steuern bald 50 m über dem Meer auf den Finocchiarola-Archipel zu.

Der Pfad teilt sich, senkt sich, steigt wieder an – immer die Küste entlang. Wenn wir an der Ostflanke des **Monte di a Guardia** in die nächste Bucht einschwenken, bietet sich ein neues, nicht weniger spektakuläres Panorama. Eine grüne Turmruine steigt dort aus dem türkisblauen Wasser empor und über dem bizarren Bauwerk staffeln sich mehrere Buchten bis zur äußersten Nordspitze des Kaps, wo sich der letzte Felsvorsprung Pointe d'Agnello und die Felseninsel Giraglia optisch zusammenschieben und drei Türme auszumachen sind: die Tour d'Agnello, der Inselleuchtturm und die Tour de Giraglia.

Wir verabschieden uns von diesem verheißungsvollen Ausblick und steigen durch die Macchia hinunter zur Bucht. Sie ist nach der romanischen Kapelle **Santa Maria della Chiappella** benannt, die wir linker Hand bemerken, wenn wir unten auf den breiten Feldweg stoßen. Wir folgen ihm nach rechts einem Weinberg entlang und erreichen in wenigen Minuten die **Turmruine** (1.20 Std.). Sie besteht nur noch aus einem guten Drittel der Außenmauer und ragt – vor dem massiven Faltengebirge Caprajas – recht brüchig aus dem kristallklaren Wasser. Eine schönere Badestelle wird man nicht leicht finden.

Nicht wenige kehren hier um, nachdem sie die einmalige Kulisse zu einem längeren Strandaufenthalt verführt hat. Es lohnt sich aber, noch ein paar Buchten weiterzuwandern. Die breite Piste bringt uns in 5 Min. zur Cala Genovese, in die der Cugliolo-Bach mündet. Über eine kleine Anhöhe geht es hinüber zur Cala Francese, eine vergleichbar entlegene Bucht, wo von der Piste nach weiteren 10 Min. erneut der Zöllnerpfad abzweigt. Er führt gut markiert die immer wildere Küste entlang und gelangt nach gut 20 Min. zur großen **Baie de Capandola** (2 Std.). Man steht auf einem riesigen Felsplateau und blickt nordwärts auf die Steilküste, die in der Pointe d'Agnello ausläuft.

Nun kehren wir der Nordspitze den Rücken und gehen auf demselben Weg wieder zurück. Bei der **Kapelle Santa Maria** bleiben wir auf der Piste, die uns bequem zum **Tamarone-Strand** hinüberbringt (3 Std.). Bevor wir den Ausgangspunkt unserer Wanderung erreichen, schweift unser Blick über die Berge, um immer wieder auf zwei charakteristischen Dörfern zu verweilen: Rechter Hand türmt sich Bettolacce zu einer burgartigen Silhouette auf, und vor uns dehnt sich das Weindorf Tomino auf einem lang gestreckten Rücken. Nach insgesamt 3.30 Std. haben wir dann wieder den **Campingplatz U Stazzu** erreicht.

Die Finocchiarola-Inseln

Das gerade 3 ha große Inselgrüppchen besteht aus den drei Felsen Terra, Mezzana und Finocchiarola. Auf der höchsten Erhebung (27 m) steht die Ruine eines Genueserturms, der mit den weiter nördlich gelegenen Wachtürmen einen Verteidigungsgürtel bildete. Die Finocchiarola-Inseln, deren Name sich vom wilden Fenchel ableitet, wurden von den Hirten lange als Isolierpferche benutzt, auf die sie – fernab der Herde – die Böcke verfrachteten. Seit 1987 ist der Archipel ein Vogelschutzgebiet, das zwischen 1. März und 31. August niemand betreten darf. Hier brütet nämlich die Korallenmöwe, eine der weltweit seltensten Möwenarten.

Über den Grat des Cap Corse

Von Luri nach Barrettali

Die Wanderung führt aus dem Luri-Tal hinüber zu den terrassenförmig gestaffelten Weilern von Barrettali und bietet einen Querschnitt inseltypischer Besonderheiten: Familiengräber, Fragmente einer Menhir-Reihe, Tafoni, einen Wehrturm.

DIE WANDERUNG IN KÜRZE

++ Anspruch	**Charakter:** Auf der Ostseite des Passes Bergpfad mit Serpentinen, auf der Westseite breite Piste; wenig Schatten
4 Std. Gehzeit	**Ausrüstung:** Trinkwasser, Proviant
	Wanderkarte: IGN 4347 OT, Cap Corse
11 km Länge	**Einkehrmöglichkeiten:** keine

Anfahrt: Mit dem **Auto** von Bastia auf der D 80 nach Norden, bei Santa Severa, auf der D 180 Richtung Pino, kurz vor Col de Santa Lucia (Seneca-Turm) 1,5 km links ab nach Fieno (kors. Fenu)

Unterhalb des Col de Santa Lucia zweigt von der D 180 im spitzen Winkel links ein Sträßchen ab, das in den obersten Ortsteil der Gemeinde Luri, nach **Fieno,** führt. In Sichtweite des Weilers stellen wir den Wagen kurz nach der letzten Haarnadelkurve bei der Straßenleuchte ab, um rechts über ein Viehgatter den Wanderweg einzuschlagen.

Der Weg schlängelt sich an Olivenbäumen, Steineichen, Baumheide vorbei allmählich höher und führt – nach 15 Min. – durch ein Gatter und über den Mericacciu-Bach. Wenn er nach weiteren 10 Min. eine Schleife nach rechts dreht, behalten wir jedoch die ursprüngliche Richtung bei und gehen südwärts einige Meter abwärts, wo sogleich von links ein Pfad vom Weiler Castellu hochkommt. Wir nehmen seine Fortset-

zung, den Pfad halbrechts und gehen nun an Terrassenmauern und einer eingefassten Quelle vorbei durch einen Steineichenhain, hinter dem der nächste Bach in kleinen Kaskaden über den Schiefer stürzt.

Danach schwenkt der Weg westwärts auf den Grat zu, und wir können die Serpentinen erkennen, die uns auf den Pass hinaufführen. Vom Gatter, durch das wir jetzt gehen, müssen wir mit etwa 30 Min. auf einem etwas steileren Kurs rechnen, der durch Steinmännchen eindeutig markiert und so von unwegsamen Abkürzungen zu unterscheiden ist. Oben auf der Passhöhe **Pinzu a Vergine** (1.15 Std.) stoßen wir auf einen tafonierten Felsriesen, vor dem – leicht zu übersehen – ein umgestürzter Menhir liegt. Mit vier weiteren Steinsäulen bildete er vermutlich

Rosa Zistrose

ein *alignement,* eine Menhir-Reihe, die einzige im Nordteil der Insel.

Hinter dem gigantischen Schieferblock finden wir inmitten weiterer Tafoni (s. S. 58) einen schattigen Rastplatz, zugleich aber den Pfad, der uns auf den Weg nach Barrettali bringt. Nach wenigen Metern stoßen wir nämlich auf einen Forstweg, dem wir nach links hinunter folgen und der umgehend in eine zweite, tief in den Berg gegrabene Piste mündet. Man hat den alten Weg zu den Bergerien des Monte Alticcione breit ausgebaut und so für Feuerwehreinsätze ›karrossabel‹ gemacht. Wir

biegen in die Piste ein und gehen auf ihr rechts hinunter.

Der Blick schweift über die verstreuten Weiler von Barrettali zu der kleinen Badebucht von Marine de Giottani hinab und übers Meer hinüber in die Balagne mit den im Frühjahr schneebedeckten Gipfeln des nördlichen Hauptkamms. So gelangen wir nach gut 30 Min. auf die Asphaltstraße des Ortes und, von Terrasse zu Terrasse absteigend, in weiteren 10 Min. nach **Chiesa** (2 Std.). Der unter einem Korkeichenhain gelegene Kirchweiler wird von einer markanten Zypressenreihe überragt, die den

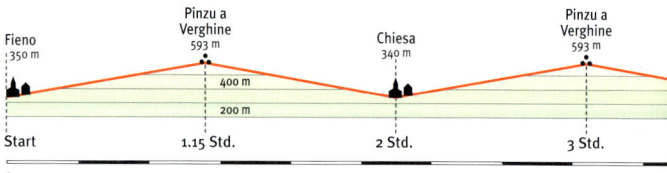

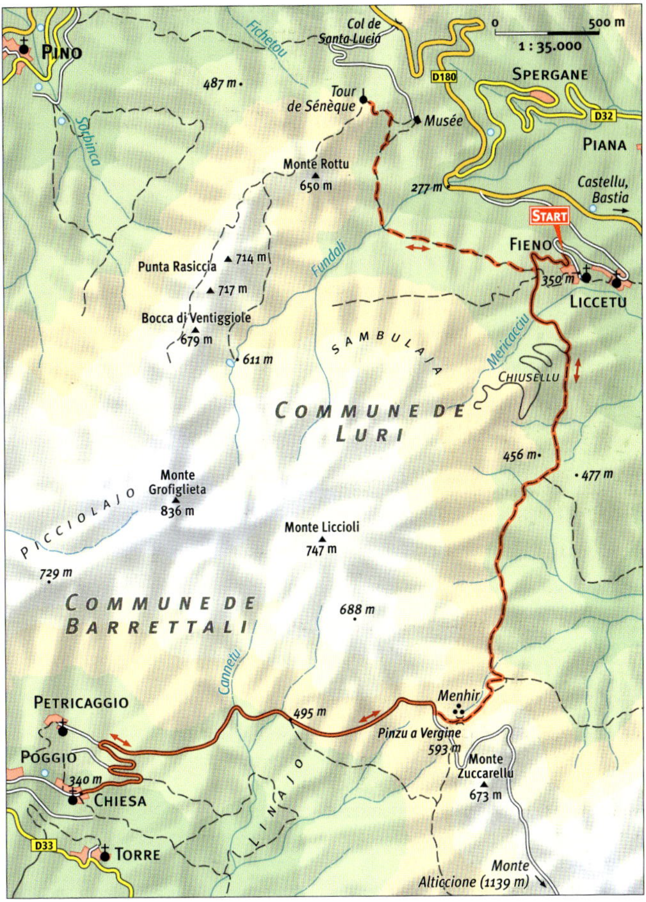

Tour 2

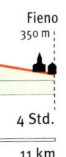

Dorffriedhof von den Mausoleen der reichen Familien trennt. Auf dem Rückweg werden wir mit dem Anblick des Seneca-Turms belohnt, der nach 45-minütigem Abstieg vom Pass plötzlich vor uns auftaucht. Oberhalb von **Fieno** (4 Std.) führt übrigens ein Fußweg in gut 30 Min. hinauf.

Traumstrände nach Wahl

Küstenwanderung bei St-Florent

Auf der Westseite des Golfs von St-Florent führt ein Macchiapfad zu entlegenen Sandstränden, die mit dem Auto nicht erreichbar sind. Im Rücken der Bade- und Tauchparadiese überraschen zwei Flüsse mit eigentümlicher Vegetation.

DIE WANDERUNG IN KÜRZE

+
Anspruch

Charakter: Häufig begangener Pfad, kaum markiert, aber nicht zu verfehlen. Nach Überquerung der Strände muss der Weg auf der gegenüberliegenden Seite wieder aufgenommen werden.

5 Std.
Gehzeit

17 km
Länge

Ausrüstung: Badezeug, Proviant und Trinkwasser

Wanderkarte: IGN 4348 OT, Bastia, Golf de St-Florent

Unterkunft: Gîte d'étape Saleccia, Tel. 04 95 37 09 86

Anfahrt: Mit dem **Auto** nach St-Florent und dort nach der Aliso-Brücke rechts ab zu den Campingplätzen. Mit dem **Bus** von Bastia oder Calvi/Ile-Rousse nach St-Florent; evtl. per Mountainbike bis zur Fornali-Bucht fahren

Beim dritten und letzten **Campingplatz Aqua Dolce** beginnt unsere Wanderung, die zunächst noch der Fahrstraße folgt. Diese entfernt sich vom Strand und wird zur holprigen Piste, die an Privatgrundstücken vorbeiführt. Es sind große Anwesen mit Villen, die am Ende langer Eukalyptus- oder Zypressenalleen vor dem Meer thronen. Der Blick schweift über den Golf von St-Florent hinüber auf das Cap Corse. Wenn sich die Piste abwärts senkt, erblicken wir unter einem Höhenrücken mit Turm-

ruine die tief eingeschnittene Fornali-Bucht.

Nach einer knappen halben Stunde zeigt ein Wegweiser auf den »Chemin du littoral« (Küstenweg). Er zweigt von der Piste rechts ab und führt an einer halb verfallenen Steinhütte vorbei hinunter zur **Fornali-Bucht,** wo ein kleiner Sandstrand eine idyllische Kulisse umschließt (30 Min.). Rechts verbirgt sich hinter Bäumen eine schlossähnliche Villa mit einem kleinen Leuchtturm, vor uns ankern Yachten, links schlängelt

Campingplatz Aqua Dolce 10 m		Anse de Fornali	Punta di Cepo	Valdolese	Fiume Santu	Tour Mortella
Start		30 Min.	1 Std.	1.25 Std.	1.45 Std.	2.30 Std.

o

Kleine Badebucht am Küstenweg

sich der Küstenweg durch die hoch wachsende Macchia. Wir folgen dem Pfad durch ein Gatter und kommen nun meernah zu Bade- und Picknickplätzen, einer schöner als der andere. Freilich: Je weiter wir uns von der Fornali-Bucht entfernen, desto exklusiver gehören die Strände den Wanderern, zu denen sich allenfalls noch die Bootfahrer gesellen.

Das Meer schillert türkis bis lila, je nach Untergrund. Eidechsen, Schmetterlinge, seltene Vögel kreuzen unseren Weg, über dem es betörend duftet. Auf der Höhe der Domaine de Fonaverte gesellen sich zu den Macchiasträuchern noch Agaven und Oleander. An einer überdachten Picknickbank vorbei steuern wir auf ein kleines Kap, die **Punta di**

Cepo zu (1 Std.). Ein breiterer Weg führt zum Fort hinauf, wir folgen aber dem in Stein gemeißelten Pfeil und bleiben auf dem Küstenpfad, auf dem wir inzwischen eine gute halbe Stunde gelaufen sind.

Es geht nun hinein in die nächste größere Bucht, und in der Ferne erblicken wir schon das nächste Kap, die Punta Mortella. Ein halb zerfallener Genueserturm und ein Leuchtturm schmücken dieses Ziel. Doch zunächst erreichen wir die Einmündung des **Valdolese** (1.25), eine besonders schöne Stelle, die Fluss und Meerpanorama kombiniert und einen blitzsauberen Strand offeriert. Auf seiner Nordseite müssen wir den Pfad im felsigen Terrain ausfindig machen und ein paar Meter hochstei-

...ne ...ntu	Valdolese	Punta di Cepo	Anse de Fornali	Campingplatz Aqua Dolce 10 m
5 Std.	3.35 Std.	4 Std.	4.30 Std.	5 Std.

17 km

Phare de Mortella • Punta Mortella
Tour Mortella
64 m
Mezzovu
135 m
Puntalle
45 m
C A S T E L L U
Flume Santu
Calaverte
Punta di Cepo
Golfe
de St-Florent
Stitinu
Domaine
de Fonaverte
198 m
Cima di
Castincaccia
209 m
69 m
Anse de Fornali
Phare
de Forn
Valdolese
Turmruine
18 m
Campo
di Fiori
Punta
i Fr
Monte Castagne
295 m
Ponta
di Padignuolo
322 m
Purette
Schießübungen
262 m
Campo
di Scoba
14
Monte Revincu
356 m

gen. So kommen wir 20 Min. später zu einer weiteren, landschaftlich noch sensationelleren Flusseinmündung. Der **Fiume Santu** bildet nämlich vor dem Meer eine Art Lagune (1.45 Std.). Der Weg führt deshalb am orographisch rechten Ufer ein Stück vom Meer zurück flussaufwärts, bis sich der Wasserlauf zu einer Furt verengt. Auf dem gegenüberliegenden Ufer erblicken wir einen gemeißelten Pfeil.

Der angezeigte Weg führt auf dem linken Ufer des Fiume Santu zum Strand und weiter die felsige Küste entlang bis zur **Turmruine von Mortella** (2.30 Std.). Wir erreichen sie 45 Min. nach Überqueren der Furt. Weitere-Fernwanderer folgen dem »Sentier Littoral« noch zwei Stunden weiter bis Saleccia, wo sie hinter dem Strand in einem Gîte d'étape übernachten können. Wir aber kehren um und sind – Badepausen nicht gerechnet – nach 5 Std. Gehzeit wieder am **Campingplatz Aqua Dolce,** dem Ausgangspunkt unserer Wanderung. Sofern wir nicht schon vorher an diesem oder jenem Traumstrand unser Ziel gefunden haben.

Tour Mortella

Die Turmruine des gleichnamigen Kaps erinnert an die englische Belagerung von 1794. In ihrem Krieg gegen das revolutionäre Frankreich unterstützten die Briten die aufmüpfigen Korsen. Zwei Schiffe der königlichen Marine feuerten aus zahlreichen Kanonenrohren auf den zur Verteidigung Saint-Florents bestimmten Turm, der jedoch standhielt. Erst von Land aus konnte er sturmreif geschossen werden. Folge: Die beeindruckten Briten errichteten rund um ihre Inseln so genannte Mortella-Türme.

Tour 4

In der Agriates-Wüste

Vom Ostriconi-Delta zu den Ruinen von Terricie

Durch kleinwüchsige Macchia führt die Rundwanderung zunächst zu einem verlassenen Hirtendorf. Vorbei an ungewöhnlichen Bergformationen und einsamen Buchten nähert man sich dann der großartigen Dünenlandschaft des Ostriconi-Strandes.

DIE WANDERUNG IN KÜRZE

+
Anspruch

4.15 Std.
Gehzeit

14 km
Länge

Charakter: Auf dem Hinweg bequeme Piste, auf dem Rückweg gut unterhaltener Weitwanderweg. Durchweg kein Schatten, ideal im Frühsommer und Herbst

Ausrüstung: Trinkwasser, Proviant, Badezeug

Wanderkarte: IGN 4249 OT, L'Ile-Rousse

Einkehrmöglichkeit: Restaurant L'Agriate (Tel. 04 95 60 53 29), am Parkplatz vorbestellen

Anfahrt: Mit dem **Auto** von Saint-Florent (zunächst D 81), Ponte Leccia oder Ile-Rousse auf der Schnellstraße N 1197, 500 m östlich von der Abzweigung zum »Site de l'Ostriconi« halten. Hier gibt es auf der Höhe des Weinfeldes Parkmöglichkeiten beim Restaurant.

Am **Parkplatz** an der **N 1197** steht unter den Eukalyptusbäumen ein Schild »Paesi d'Ostriconi«. Es weist in einen sumpfigen Hohlweg, der nach wenigen Minuten über den Vadellare-Bach führt. Kurz danach erkennen wir links oben bei einer Natursteinhütte den Wegweiser »Anse Peraiola«. Auf dieser Route werden wir am Ende der Rundwanderung zurückkehren. Jetzt aber folgen wir geradeaus der ansteigenden Piste, links an verwitterten Tafoni-Felsen

vorbei, rechts mit weitem Blick hinauf ins obere Ostriconi-Tal.

Nach knapp 1 Std. – immer durch Macchia – gehen wir an der Gabelung nicht rechts zur Bergerie de Monticellacciu, sondern geradeaus weiter in das gleichnamige Tal hinein. Die Piste führt angenehm breit und mit geringer Steigung links über dem Bachbett stetig höher und gibt an der **Bocca di Mercuriu** (1.15 Std.) den Blick frei auf das Meer, das links und rechts vom pyramidenförmigen

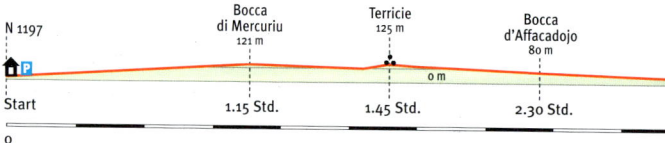

N 1197	Bocca di Mercuriu 121 m	Terricie 125 m	Bocca d'Affacadojo 80 m	
Start	1.15 Std.	1.45 Std.	2.30 Std.	0 m

0

Die Mündung des Ostriconi

Acciolu-Berg (174 m) zunehmend Breite gewinnt. 10 Min. nach dem fast unmerklichen ›Pass‹ senkt sich der gelegentlich in zwei Bahnen geteilte Weg zu einem anderen Bachbett hinunter und führt dann ein zweites Tal hoch geradewegs auf **Terricie** zu (1.45 Std.). Bevor wir den Weideplatz mit den weitgehend zerfallenen Steinbauten erreichen, sehen wir linker Hand ein Tor, durch das wir nachher gehen werden.

Terricie besteht aus 14 Steinhütten

Anse de Peraiola

N 1197

3.15 Std.   4.15 Std.

14 km

(pagliaghj), einem Backofen, einem Dreschplatz und liegt in der Nähe zweier Quellen auf einer kleinen Anhöhe. Wenn wir das ehemalige Hirtendorf besichtigt haben, gehen wir unseren Weg das kurze Stück zurück und biegen dann rechts ab durch das besagte Tor. Im großen Bogen wandern wir auf die Küste zu, um oberhalb der Acciolu-Bucht südwärts zu schwenken, so dass wir fortan über die flachen Agriates-Berge weit hinüber auf die im Frühjahr noch schneebedeckten Asco-Gipfel blicken. Von rechts stößt der Weitwanderweg »Sentier littoral« auf unsere zunehmend sandige Piste, die hinter der Punta di l'Acciolu auf einen Sattel, die **Bocca d'Affacadojo** (2.30 Std.), zusteuert und – über

29

Steine bergab, durch Dünen bergauf – auch an der Pinzuta-Bucht vorbeiführt. Ans Meer gelangen wir erst bei der dritten Bucht, der nach Ile-Rousse hinüberblickenden Anse de Vana. Wir brauchen noch 30 Min., bis wir an der **Anse de Peraiola** zum Ostriconi-Strand absteigen und hinter den Dünen mit ihren großfrüchtigen Meerwacholder-Büschen landeinwärts streben (3.15 Std.).

Nach 10 Min. markieren Schilder den Eingang zum Naturschutzgebiet. Sobald unser Weg auf eine breitere Piste stößt, folgen wir dieser links zu einem Natursteinhaus, hinter dem ein Schild »Piétons« auf einen felsigen Pfad weist. Er führt durch Feigenkakteen und Zistrosen immer den blauen Punkten nach zunächst eine Mauer entlang. Später orientieren wir uns an Steinmännchen, bis unser südöstlich verlaufender Pfad schließlich auf die Piste stößt, die uns zu Beginn der Rundwanderung in den Désert des Agriates geführt hat. Wir biegen rechts ab und erreichen nach ca. 4.15 Std. wieder den **Parkplatz** an der **N 1197**.

Désert des Agriates

»Agriata« war ein gescheiterter Siedlungsversuch am Meer. Die »Wüste« blieb seitdem ein freies, gemeinsam genutztes Gebiet, ohne dass die Landbevölkerung sich in den dort errichteten Weilern dauerhaft niederließ. Von Juni bis November waren die Bauern mit ihren Oliven- und Getreidekulturen beschäftigt, und von Oktober bis Juni hatten die Almhirten hier ihre Winterweiden.

Enge Torbögen, weiter Talblick

Panoramaweg von Lama nach Urtaca

Fünfzehn Autominuten vom Meer entfernt liegt das Festungsdorf Lama versteckt unter dem Monte Astu (1535 m). Die Wanderung beginnt unter mittelalterlichen Torbögen und folgt mit weitem Talblick dem alten Verbindungsweg zum Nachbardorf Urtaca.

DIE WANDERUNG IN KÜRZE

+

Anspruch

2 Std.

Gehzeit

6 km

Länge

Charakter: Gut ausgetretener, schattenloser Fußweg mit geringen Höhendifferenzen, einfache Orientierung

Ausrüstung: Trinkwasser

Wanderkarten: IGN 4249 OT, L'Ile Rouse, und 4348 OT, Bastia, Golf de St-Florent

Einkehrmöglichkeiten: In Lama gibt es Bars und das gepflegte Restaurant Campu Latinu (mit Terrasse, Tel. 04 95 48 23 83)

Anfahrt: Mit dem **Auto** von Ponte-Leccia oder Ile-Rousse auf der Schnellstraße »La Balanina« (N 1197), dann die Abzweigung nach Lama nehmen

Am Ortseingang von **Lama,** gleich hinter dem Office de tourisme, gibt es Parkmöglichkeiten unter der großen Platane. Es geht an der Mairie vorbei rechts die Treppen in das Festungsdorf hinauf. Noch heute bezeugen eine Reihe von Palazzi (Maison Bertola, Maison Ceccaldi u.a.) den Reichtum, der einst mit dem Öl ins Dorf floss (s. S. 34). Auf schön gepflastertem Weg und durch mächtige Torbögen folgen wir den Schildern Richtung »Piscine«. Wir gehen aber nicht hoch bis zum Schwimmbecken, sondern verlassen das Dorf links durch einen weiteren Torbogen. Hier beginnt der Fußweg nach Urtaca.

Er führt auf gepflasterten Stufen unter Laternen abwärts auf einen terrassierten Hang zu, den wir in wenigen Minuten erreichen. Durch die alten Dorfgärten fließt ein frischer Bergbach. Wir überqueren ihn nach

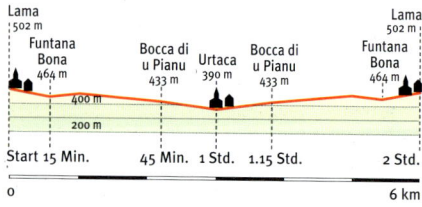

Lama
502 m
Funtana
Bona
464 m
Bocca di
u Pianu
433 m
Urtaca
390 m
Bocca di
u Pianu
433 m
Lama
502 m
Funtana
Bona
464 m

400 m
200 m

Start 15 Min. 45 Min. 1 Std. 1.15 Std. 2 Std.

0 6 km

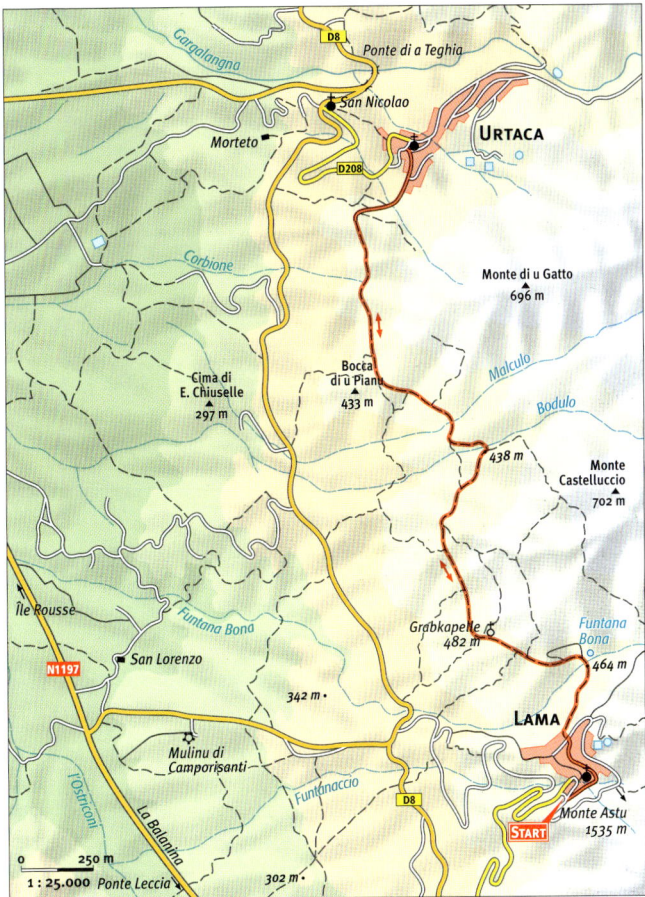

15 Min. bei der **Funtana Bona**, einem der zahlreichen Brunnen, die rund um Lama die alten Transhumanzwege säumen (s. S. 14 f.). So schwenken wir oberhalb eines Abri (prähistorische Wohnstätte unter Felsvorsprüngen oder in Felsnischen) zwischen sorgfältig gefugten Steinmauern nach Nordwesten.

Das alte Kulturland weicht schnell der Macchia, und wir kommen etwa 10 Min. später zu einer Grabkapelle. Der Blick schweift links zu den im Frühjahr schneebedeckten Gipfeln des Asco-Gebirges und durch das lange Ostriconi-Tal hinunter bis zum Meer, das rechts von den rötlichen Felsen der Agriates-Wüste begrenzt wird. Unser Weg senkt sich leicht bergab, an überwucherten Terrassen vorbei, und überquert hintereinander zwei Bäche, die an den vorgeschobenen Ausläufern des Astu-Massivs entspringen. Kurz danach erreichen wir die **Bocca di u Pianu**, die als ›Pass‹ nicht weiter auffallen

33

Am Ortseingang von Lama

würde, wenn die Steinhütte mit Terrassendach nicht wäre (45 Min.). 10 Min. später passieren wir schließlich ein erstes Wohnhaus, neben dem ein adlerförmiger Tafoni-Felsen ins Auge fällt.

Der nun gepflasterte Weg biegt rechts um die Kurve direkt auf **Urtaca** zu (1 Std.). Das Dorf liegt so geschützt, dass es erst zu sehen ist, wenn wir kurz davor stehen. Das Teersträßchen zum Ortseingang hinuntergehend, erkennen wir weiter unterhalb – von Zypressen eingerahmt – eine Reihe von Grabkapellen, in denen die Familien traditionell ihre Toten bestatten. Wir gehen zum schattigen Kirchplatz mit Kastanien und Kriegerdenkmal und treten dann den Rückweg an. Es lohnt sich, den Weg in der Gegenrichtung noch einmal zu erleben, da wir nun das ansteigende Tal hochblicken und uns gut vorstellen können, wie die Bauern vor den Sarazenen auf die Bergvorsprünge flüchten mussten. Nach insgesamt 2 Std. Gehzeit sind wir wieder zurück in **Lama**.

Ölmühlen

Die Landwirtschaft der Festungsdörfer beschränkte sich lange auf dorfnahe Terrassengärten, die für den Hausgebrauch vor allem Getreide erbrachten. Das änderte sich im 16. Jh., als die Republik Genua alle Grundbesitzer zum Anbau von Kulturpflanzen verpflichtete. Die lange Rinne des Ostriconi war bis zu einer bestimmten Höhe mit wild wachsenden Olivenbäumen bedeckt, die nun durch gezieltes Pflanzen und Pfropfen zur Monokultur ausgebaut wurden. Überall entstanden neue Ölmühlen *(franghji),* wenn nicht Getreidemühlen oder andere Gebäude (wie z. B. die Kapelle San Lorenzu) dazu umfunktioniert wurden. Da schließlich auch Frankreich die Ölproduktion durch Prämien förderte, war Ende des 19. Jh. Lamas Anbaugebiet auf 70–80 000 Bäume, der Ertrag auf beinahe 100 000 Liter Öl angewachsen. Eine Reihe von Palazzi bezeugen bis heute den Reichtum, der mit dem Öl ins Dorf floss.

Von Sattel zu Sattel

Panoramaweg bei Speloncato

Zwischen der Küste von Ile-Rousse und dem mächtigen Massiv des Monte Padru führt ein grasiger Kamm auf den Gipfel des Monte Tolu zu. Der Weg folgt dem Höhenrücken von *bocca* zu *bocca* und bietet rechts wie links die schönsten Ausblicke.

DIE WANDERUNG IN KÜRZE

++
Anspruch

3 Std.
Gehzeit

6 km
Länge

Charakter: Zunächst grasbewachsener Spazierweg, später mit Steinmännchen markierter Pfad; kleine Kletterei über Steinmauern und auf den Gipfel des Monte Tolu

Ausrüstung: Fernglas

Wanderkarte: IGN 4249 OT, L'Ile-Rousse

Einkehrmöglichkeit: Snack-Bar am Pass Bocca di a Battaglia

Anfahrt: Mit dem **Auto** von Ile-Rousse auf der N 197 nach Belgodère, von dort auf der D 71 nach Speloncato, schließlich auf der D 63 Richtung Pioggiola zur Passhöhe Bocca di a Battaglia

Hinweis: Die Wanderung lässt sich gut mit der Besichtigung Speloncatos verbinden.

Von Speloncato führt die Passstraße (D 63) über die **Bocca di a Battaglia** hinüber nach Pioggiola und Olmi-Cappella. Wir stellen den Wagen oben auf der Passhöhe ab, wo wir gegenüber dem Parkplatz eine Piste sehen. Sie bringt uns auf den Höhenrücken, dem wir – an Sendemasten vorbei – in südwestlicher Richtung folgen. Der Weg führt in sanftem Auf und Ab zwischen Natursteinmauern

hindurch und ist, auch wenn er sich gelegentlich im Gras zu verlieren scheint, nicht zu verfehlen. Wenn wir nach 20 Min. an den silbernen Pfannen der Relaisstation vorbeikommen, müssen wir darauf achten, dass wir nicht – rechts abwärts – auf einen Pfad abkommen, der zur Passstraße und nach Speloncato hinunterführt. Wir gehen stattdessen unter der Stromleitung hindurch geradeaus

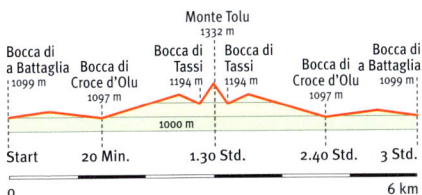

Bocca di a Battaglia 1099 m — Bocca di Croce d'Olu 1097 m — Bocca di Tassi 1194 m — Monte Tolu 1332 m — Bocca di Tassi 1194 m — Bocca di Croce d'Olu 1097 m — Bocca di a Battaglia 1099 m

1000 m

Start — 20 Min. — 1.30 Std. — 2.40 Std. — 3 Std.

0 — 6 km

Auf dem Weg zum Monte Tolu

hoch auf einen Steinhaufen zu. Der Weg verengt sich nun zum Pfad, der – durch Steinmännchen markiert – von Sattel zu Sattel immer der Gratlinie folgt. Wenn wir das zweite Mal eine Mauer überklettern, stehen wir an der **Bocca di Tassi** (1 Std.) plötzlich vor dem Gipfel des **Monte Tolu**. Trittsichere Bergsteiger erklimmen ihn in leichter Kraxelei durch eine Rinne (1.30 Std.). Ungeübte Wanderer sollten hier jedoch umkehren.

Das Panorama, das sie auf dem Rückweg zur **Bocca di a Battaglia** (3 Std.) noch einmal auskosten können, ist kaum zu überbieten. Richtung Meer schweift der Blick über das Regino-Tal zum ›Adlerhorst‹ Speloncato. Landeinwärts beeindruckt hinter den Matten von Pioggiola und Olmi-Capella das mächtige Massiv des Monte Padro (2393 m). Zwischen Küste und Hochgebirge bildet unser Kamm eine natürliche Grenzlinie.

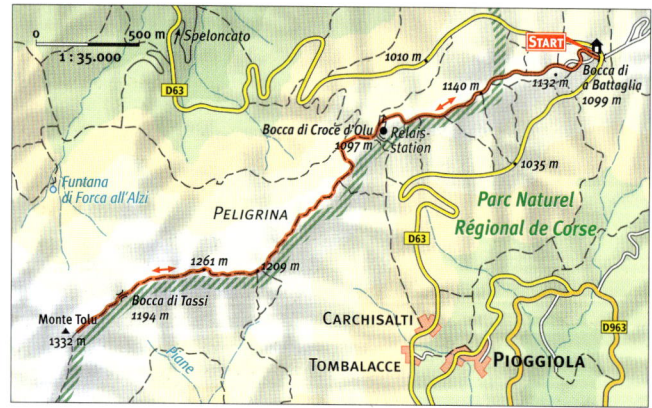

Sieben Stunden Einsamkeit

Durchs Tartagine-Tal

Vom entlegenen Forsthaus geht es 1135 m hoch bis zum Sattel, von dem sich ein weiter Ausblick auf die Nordwestküste bietet. Rauschende Wildbäche, umgestürzte Kiefern, in den Lüften kreisende Adler ziehen den Wanderer in ihren Bann.

DIE WANDERUNG IN KÜRZE

++

Anspruch

7 Std.

Gehzeit

17 km

Länge

Charakter: Langer schattiger Anstieg über Forststraße bzw. Waldweg. Falls am Calanca Mozza-Bach die Spur nicht zu erkennen ist, am orographisch linken Ufer hochgehen. Oberhalb der Waldgrenze (1400 m) führt der Weg in steilen Serpentinen über Schotter, bei allzu flottem Abstieg besteht hier Rutschgefahr.

Ausrüstung: Trinkwasser, Proviant, Feldstecher

Wanderkarten: IGN 4249 OT, L'Ile-Rousse, und 4250 OT, Corte, Monte Cinto

Einkehrmöglichkeiten: Keine

Anfahrt: Mit dem **Auto** von Ile-Rousse auf der N 197 nach Belgodère, auf der D 71 nach Speloncato, ab Pioggiola auf der D 963 bis zur Maison Forestière (Ende der Teerstraße).

Tipp: Mit dem Mountainbike die Forststraße bis zum Calanca Mozza-Bach hochfahren, dort das Fahrrad am querenden Wanderweg abstellen und zu Fuß ins Kar hochsteigen. Die Tour reduziert sich so um 475 Höhenmeter und konzentriert sich auf den spektakulären Abschnitt.

An der **Maison Forestière**, dem Forsthaus, stellen wir den Wagen ab und gehen zu Fuß über die Brücke, hinter der sich die D 963 als Forststraße ungeteert fortsetzt. Wir folgen ihr nicht in die Linksschleife, sondern biegen rechts auf den alten Waldweg ab. Er führt oberhalb des Flusses an bemoosten Mäuerchen und Felsbrocken vorbei durch schönen Mischwald. Auf der rechten Seite erkennen wir hinter den Bäumen die Felswände der Cima Gallichiccia (1735 m), die den rauschenden Tartagine vom benachbarten Melaja-Tal trennt. Links verläuft die neue Forststraße, die uns ein gutes Stück lang begleitet.

Wir erreichen sie nach etwa 30 Min. und können ihr nun bis zum Calanca Mozza-Bach folgen. Schöner ist es freilich, wo immer möglich auf den alten Waldweg zurückzukommen. So können wir die Forststraße noch zweimal in einer Linksschleife verlassen, indem wir jeweils geradeaus weitergehen. Schließlich lichtet sich der Wald, und Birken mischen sich unter die hohen Kiefern.

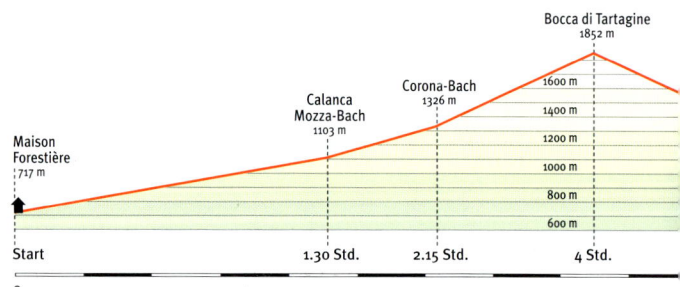

Map showing Parc Naturel, Forêt Domaniale de Tartagine-Melaja with peaks: Bocche di Pozzi 1729 m, Cima all'Altare 1781 m, Cima Arbaghiolu 1734 m, Monte Mese 1839 m, Punta di Sordali 1848 m, Punta Badiche 2012 m, Bocche Bianche 1872 m, Capu a u Dente 2029 m, Bocca di Tartagine 1852 m, verfallene Bergerie, 1326 m, 1103 m, rivers Melaja, Tartagine, Calanca Mozza, Corona, Balanino.

Wir entfernen uns vom Tartagine-Fluss und steigen am orographisch linken Ufer des **Calanca Mozza-Zuflusses** über weichen Waldboden höher, um ein letztes Mal auf die Forststraße zu treffen (1.30 Std.). Wir überqueren sie und biegen etwas weiter oben rechts auf einen rot markierten Höhenweg ab.

Er schlängelt sich durch schönen Birkenwald. Bald erkennen wir durch das ausladende Geäst hoher Lariciokiefern den markanten Felsturm des Capu a u Dente, auf den wir nun – an umgestürzten Baumriesen vorbei – zielstrebig zusteuern. Nach gut 2 Std. überschreiten wir den **Corona-Bach** und queren auf der an-

Elevation profile: Maison Forestière 717 m (Start), Calanca Mozza-Bach 1103 m (1.30 Std.), Corona-Bach 1326 m (2.15 Std.), Bocca di Tartagine 1852 m (4 Std.). Scale: 600 m, 800 m, 1000 m, 1200 m, 1400 m, 1600 m.

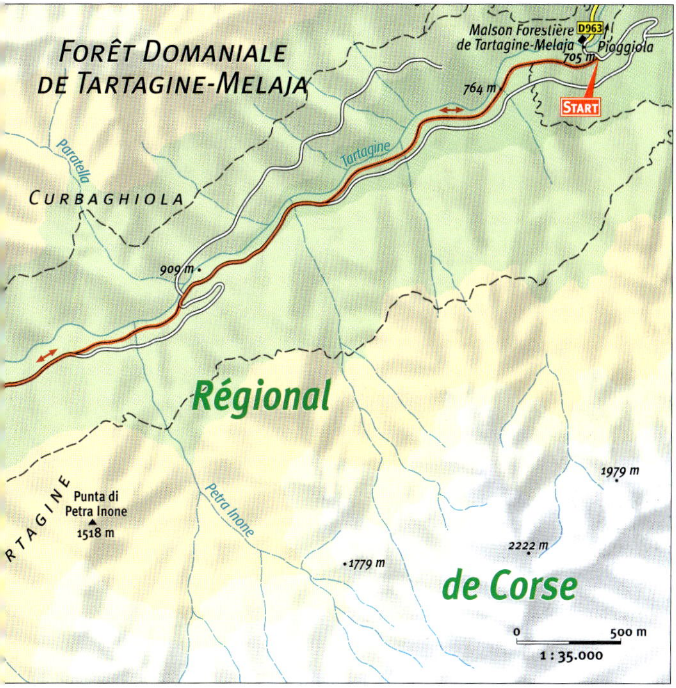

FORÊT DOMANIALE
DE TARTAGINE-MELAJA

Maison Forestière
de Tartagine-Melaja
705 m · Pioggiola
D963

764 m

START

Paratella

CURBAGHIOLA

Tartagine

909 m

Régional

Punta di
Petra Inone
1518 m

Petra Inone

1979 m

·1779 m

2222 m

de Corse

0   500 m
1 : 35.000

deren Seite einen baumlosen Macchiahang, der schöne Blicke in den Talschluss eröffnet: Links zieht sich der Birkenwald am glitzernden Wildbach den Monte Corona hinauf, in der Mitte erstreckt sich eine riesige Geröllhalde bis zum Pass, rechts verdeckt ein Kiefernwald den Capu a u Dente. Mit einem Feldstecher und etwas Glück kann man hier Mufflons und Steinadler entdecken.

Wir folgen dem schmalen Weg über zwei weitere Seitenzuflüsse, die sich mit den anderen Wildbächen unten zum Tartagine vereinen. Kurz darauf (15 Min. nach Überquerung des Corona-Baches) zweigen wir im spitzen Winkel vom Hauptweg ab.

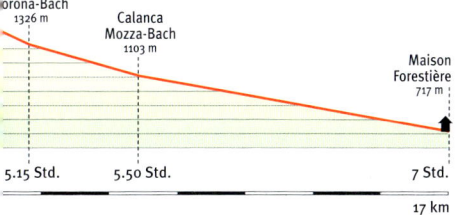

Corona-Bach
1326 m

Calanca
Mozza-Bach
1103 m

Maison
Forestière
717 m

5.15 Std.   5.50 Std.   7 Std.

17 km

Bergerie-Ruine auf dem Weg zum Tartagine-Pass

Während dieser (rot markiert) auf die andere Talseite schwenkt, führt unser Pfad (gelb markiert) in steilen Kehren zum Pass hoch. Wir steigen zunächst durch den Kiefernwald, der mit prächtigen Exemplaren aufwartet. Vorbei an einem bizarren Baumriesen, treten wir ins Freie, um kurz darauf eine verfallene Bergerie zu passieren. Wenn wir uns, einige Schritte weiter, an einer Quelle erfrischt haben, geht es anschließend bei einem großen Felsblock links ab. Wetterkiefern steigen jetzt theatralisch zur rosafarbenen Geröllhalde des Capu hoch. Wir halten uns links davon und peilen den Pass an. Die Serpentinen ziehen durch violetten Schotter, der von Zwergwacholder und niedrigen Erlen bewachsen ist.

Schließlich stehen wir oben an der **Bocca di Tartagine** (4 Std.) und blicken über den Bonifatuwald aufs Meer und hinüber nach Calvi. Von hier aus ist es nicht weit bis zum Refuge de l'Ortu, wo die GR 20-Wanderer Station machen. Als erste Etappe der Inseldurchquerung ist unsere Wanderung eine wenig begangene Alternative zur bekannten und entsprechend frequentierten Calenzana-Strecke. Da wir nur einen Tag unterwegs sein wollen, kehren wir auf demselben Weg ins Tartagine-Tal zurück, wo wir uns unten in der einen oder anderen Gumpe erfrischen können (7 Std.).

Die Dörfer der Balagne

Über die Hügel von Corbara nach Sant'Antonino und Aregno

Sant'Antonino, der »Adlerhorst der Balagne«, erhebt sich hoch über der Bucht von Algajola. Die Rundwanderung führt auf dem vorgelagerten Höhenrücken von Dorf zu Dorf. Dabei stoßen wir in Aregno auf ein Juwel romanischer Baukunst.

DIE WANDERUNG IN KÜRZE

++
Anspruch

Charakter: Alte, gut eingetretene, teilweise gepflasterte Maultierwege, streckenweise auch Teerstraße

5 Std.
Gehzeit

Wanderkarten: IGN 4149 OT, Calvi, und Cirque de Bonifatu, 4249 OT, L'Ile-Rousse

15 km
Länge

Ausrüstung: Trinkwasser, Proviant

Einkehrmöglichkeiten: Café-Restaurants in Sant' Antonino, Bars in Algajola

Anfahrt: Mit dem **Auto** über die N 197 bis Algajola. Mit der **Bahn** von Ponte Leccia (Anschluss Bastia–Ajaccio) nach Algajola, auf der Hinfahrt möglichst eine Station vorher (Plage d'Aregno) aussteigen

Vom Bahnhof in **Algajola** gehen wir am Strand entlang auf die vorige Haltestelle Plage d'Aregno zu, um kurz davor die Gleise zu überqueren. Drüben bringt uns dann eine »Passage public«, ein öffentlicher Weg, zwischen den Maschendrahtzäunen zweier Campingplätze hindurch zur N 197. Wir müssen ihr nach links 1,2 km folgen, bis hinter dem Heimwerkermarkt rechts unser Wanderweg beginnt.

Er führt sofort auf eine Gabelung zu, bei der es rechts zur »Chapelle San Cipriano« abgeht. Wir aber nehmen die Abzweigung links und steuern auf die Terrassen zu, um dann oberhalb der Bienenkästen nach rechts den alten Maultierweg einzuschlagen. Über Pflaster und Stufen geht es an den von Mauern eingefassten Ölhainen und Obstgärten vorbei immer höher,

bis wir nach zahlreichen Kehren das maurisch anmutende **Corbara** erreichen (1.15 Std.). Beim Waschplatz gehen wir links hoch zur Straße. Es ist die D 151, die – von Corbara nach Pigna und weiter nach Aregno führend – uns hier das erste Mal begegnet. Wir wandern auf ihr nach rechts 1,5 km bis zum **Kloster Corbara** (Couvent de Corbara; 1.45 Std.), wo ein beschilderter Fußweg nach Sant'Antonino abzweigt. Er führt oberhalb der Kirche Notre-Dame de Laziu an der Südseite des ehemaligen Franziskanerklosters vorbei. Wir müssen nur darauf achten, dass wir kurz nach dem Kloster nicht links Richtung Mont Sant'Angelo aufsteigen, sondern geradeaus dem Hang folgen. Der Panoramaweg mit Ausblick auf Pigna und die Bucht von Algajola gewinnt stetig an Höhe und passiert 30 Min.

Tour 8

Map:

0   500 m
1 : 30.000

MUSCO

Plage d'Aregno

Camping de la Plage

A Marina

San Cipri Chap

Port de San Damiano

ALGAJOLA

Citadelle

START

N197

POGGIOLE

Cale di Sole

33 m

Teghiella

Canteratu City

COCANI

MORTA

•288 m

D551

MONTI

52 m

Annunziata Chapelle

SCA

TRAVONATU

Ciuminelle

Pozzi

83

Teghiella

•156 m

ORTOLORO

D71

Padula

FINOCIAJA

BERTOLACCIA

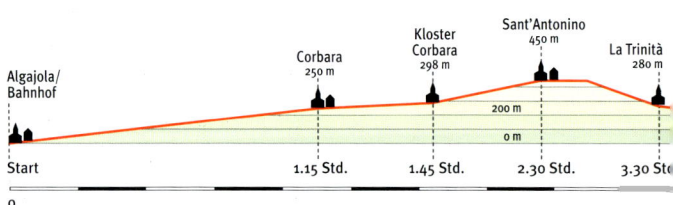

Algajola/Bahnhof	Corbara 250 m	Kloster Corbara 298 m	Sant'Antonino 450 m	La Trinità 280 m

200 m

0 m

Start   1.15 Std.   1.45 Std.   2.30 Std.   3.30 Std

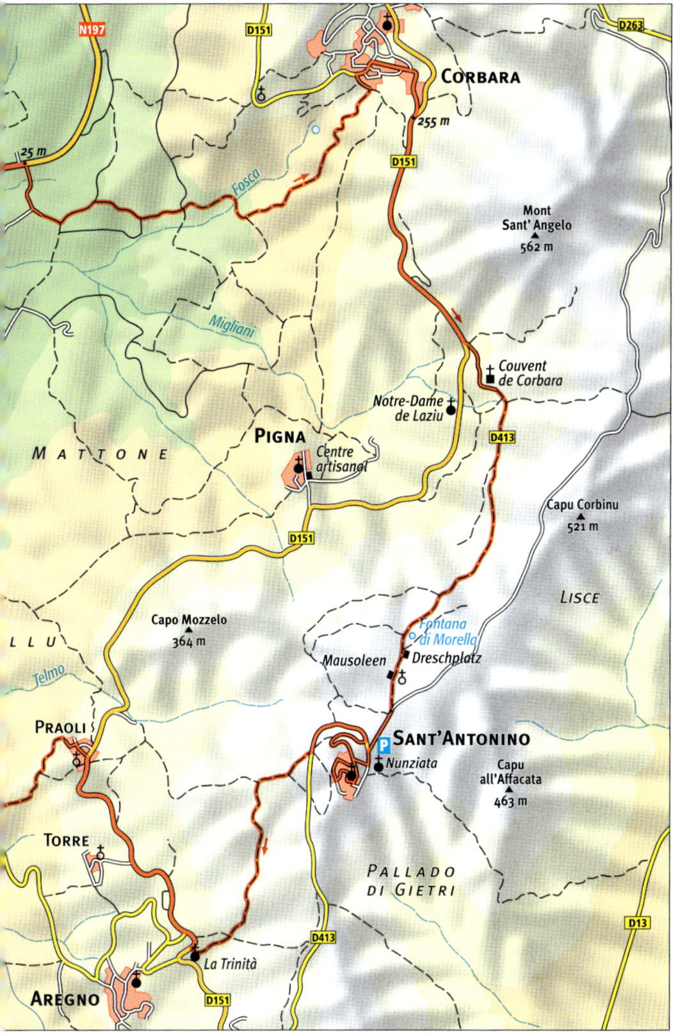

8

Tour

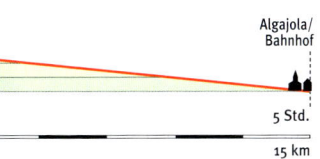

nach dem Kloster linker Hand einen Brunnen, rechter Hand eine Steinhütte, dann einen Dreschplatz links, eine Reihe von Mausoleen rechts, bis wir schließlich **Sant'Antonino** erreichen (2.30 Std.).

Gegenüber der Nunziata-Kirche, vor der gerne Touristenbusse parken,

Fassadendetail der Kirche La Trinità

wir in Praoli (nach Torre der zweite Weiler) links in die Dorfstraße einbiegen. Am hinteren Ortsausgang bringt uns ein Maultierweg durch Ölhaine in 15 Min. auf die Straße nach Algajola (D 551). Ihr folgen wir nur wenige Meter nach rechts, um gleich wieder (roter Pfeil rechts) den nächsten Maultierweg zu nehmen, der im großen Linksschwenk an Schafweiden vorbei erneut auf die D 551 stößt, diesmal nach 20 Min.

Jetzt bleiben wir auf der Landstraße und gehen – mit schönem Rückblick auf die Stationen unserer Wanderung – zurück nach **Algajola** (5 Std.). Dort, wo wir auf die Nationalstraße treffen, führt auf der gegenüberliegenden Seite die Dorfstraße zum **Bahnhof**.

La Trinità

Die Dreifaltigkeitskirche von Aregno wurde in der zweiten Hälfte des 12. Jh. im zeitgenössischen Stil der toskanischen Kirchen erbaut. Sie ragt – schlichter, gedrungener als das kontinentale Vorbild – aus einem ummauerten Dorffriedhof heraus und besteht aus einem einzigen Schiff und einer halbkreisförmigen Apsis, die noch mit Steinschindeln abgedeckt ist. Unverwechselbar ist das polychrome Mauerwerk, das mit seinen abwechselnd ockerfarbenen und grünen Granitquadern warme Hell-Dunkel-Kontraste bildet. Durch schmale Wandpfeiler vertikal gegliedert, besteht die Frontfassade aus drei unterschiedlich proportionierten Etagen, die durch Skulpturen- und Reliefschmuck aufgelockert sind. Zwei Figuren flankieren den Türbogen, und unter dem First sitzt ein Männchen, das nach der Art des antiken Dornenausziehers ein Bein angewinkelt hält, eine Allegorie des Sünders.

führen Treppen in den nur zu Fuß begehbaren Ort hoch. Wir stoßen auf eine kleine Piazza mit Souvenirladen und Taverne und folgen im Uhrzeigersinn dem Rundweg durchs Festungsdorf. Vom Aussichtspunkt »A Cima« (500 m) öffnen sich abwechselnd Ausblicke zum Meer, ins Algajola-Becken hinunter und auf die rückwärtige Bergseite, zum Monte Grossu, Monte Padru und ins Regino-Tal.

Nach knapp 30 Min. wieder unten am Parkplatz, gehen wir die Straße in westlicher Richtung abwärts, bis uns ein Schild mit der grünen Aufschrift »Aregno« rechts auf einen grob gepflasterten Pfad hinunterweist. Nach wenigen Minuten schwenkt er bei den Steinhütten von Gozzula nach links taleinwärts, um unterhalb von Sant'Antonino geradewegs auf die mehrfarbige Fassade der Dreifaltigkeitskirche von Aregno, **La Trinità,** zuzuführen, die wir hinter Asphodelenfeldern aus dem Friedhof ragen sehen (3.30 Std.).

Nach Besichtigung des pisanischen Schmuckstücks gehen wir nicht nach Aregno hinein, sondern rechts auf der D 151 knapp 1 km zurück Richtung Pigna. Wir brauchen keine 15 Min., bis

Hängebrücken überm Wildbach

Bergtour im Cirque de Bonifatu

Unweit des Golfs von Calvi führt diese klassische Bergwanderung schon fast ins Hochgebirge. Urwald und Bergbach verbinden sich zu einer wildromantischen Szenerie, die durch zwei Hängebrücken zum unvergesslichen Erlebnis wird.

DIE WANDERUNG IN KÜRZE

++
Anspruch

4.45 Std.
Gehzeit

11 km
Länge

Charakter: Knapp 750 m An- und Abstieg auf gut markiertem, teilweise steinigem Weg. Vor der Spasimata-Hängebrücke gibt es einige Seilsicherungen. Die Wanderung verläuft meist im schattigen Wald.

Ausrüstung: Trinkwasser, Proviant

Wanderkarte: IGN 4149 OT, Calvi, Cirque de Bonifatu

Einkehrmöglichkeiten: Auberge de la Forêt (Tel. 04 95 65 09 98), Refuge de Carrozzu (im Sommer bewirtschaftet)

Anfahrt: Mit dem **Auto:** Östlich von Calvi zweigt von der N 197 landeinwärts die D 251 ab. Am Flughafen vorbei die Abzweigung nach Galéria rechts liegen lassen und am Figarella-Bach entlang bis zur Auberge de la Forêt hochfahren

Die Wanderung beginnt an der **Auberge de la Forêt,** einem gemütlichen Waldgasthof, in dem man günstig übernachten und sehr gut essen kann. Der lang gestreckte Parkplatz mündet in die für den Verkehr gesperrte Forststraße. Eine dichte Vegetation aus Lariciokiefern, Steineichen, Stechpalmen, Baumheide und wilden Lilien begleitet uns. Auf bequemem Weg kommen wir stetig höher, während links unter uns der Figarella-Bach rauscht. Nach 30 Min. endet der Forstweg an einer Gabelung.

Die kleine Hängebrücke

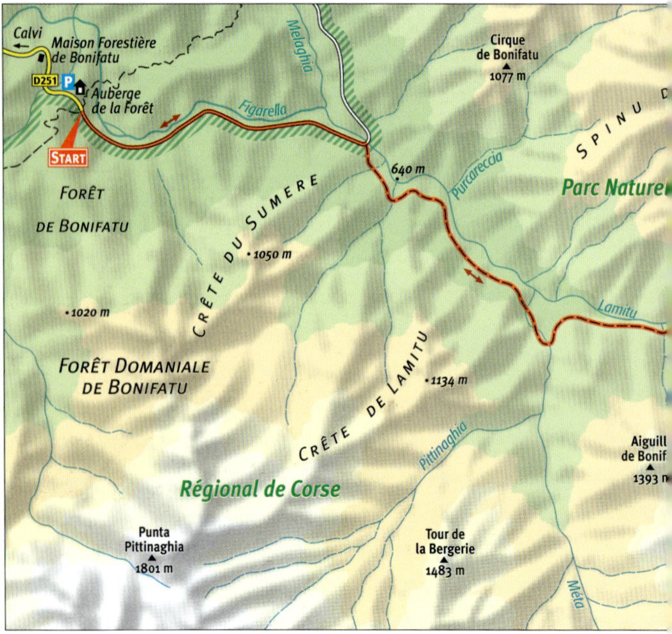

Wir folgen hier rechts dem Wegweiser zum »Refuge de Carrozzu«. Der gelb markierte Weg steigt nun kräftig an. Er führt meist durch schattigen Wald, auch über baumlose Felspartien. Nach gut 1 Std. kommen wir zu einer ersten, kleineren **Hängebrücke,** die über einem wildromantischen Felsenchaos den Bergbach überspannt (1.40 Std.), ein idyllischer Platz für eine erste Pause.

Auf der anderen, orographisch rechten Seite geht es weiter bergan. Vorsicht: 10 Min. hinter der Hängebrücke verliert man im Geröll des Ladroncellu-Zuflusses leicht die Orientierung. Man muss vorausschauend auf die gelben Markierungspunkte achten, um den Weg durch das Felsenlabyrinth zu finden. Durch den Wald und an großen Felsplatten vorbei, führt schließlich ein Schotterweg

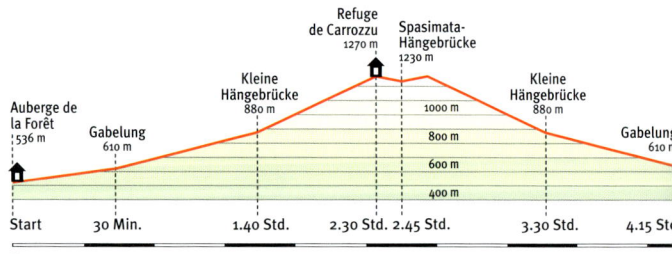

Hochgebirgsregionen. An der West-flanke der Punta di Spasimata stei-gen wir über Felsplatten den Stein-männchen nach. Seilsicherungen helfen uns problemlos ins Bachbett hinunter. Dort spannt sich die spek-takuläre große **Spasimata-Hänge-brücke** hoch über einer türkisblauen Gumpe (2.45 Std.; s. Titelbild). Weit-wanderer gehen über die Brücke zum Muvrella-See hoch und errei-chen unterhalb des gleichnamigen Zweitausenders den Hauptkamm, auf dem sie sich dem höchsten Gipfel Korsikas, dem Monte Cinto (2706 m), nähern.

Wir aber kehren bei der Hänge-brücke um und steigen in knapp 2 Std. ab zur **Auberge de la Forêt** (4.45 Std.).

GR 20

Seit 1972 gibt es den Parc Naturel Ré-gional de Corse (PNRC), der von Nor-den nach Süden vom GR 20 durch-quert wird. Tausende frequentieren im Hochsommer diesen weltbe-rühmten, anspruchsvollen Fernwan-derweg, der von Calenzana bis Con-ca 200 km über den Hauptgrat führt. Trainierte Wanderer brauchen dafür zehn bis zwölf Tage, die meisten bre-chen vorher ab oder gehen nur Teil-abschnitte.

steil nach oben bis zu einer Gabelung. Links geht es in wenigen Minuten zur **Carrozzu-Hütte** (2.30 Std.). Man sitzt hier an verwitterten Holztischen, mit etwas Glück ein Schinkenbrot oder ei-nen Kastanienkuchen vor sich, und blickt durch den ›Felsenzirkus‹ hinun-ter bis ans Meer.

Geht man bei der Gabelung rechts, so kommt man auf dem weiß-rot markierten Pfad (GR 20) in

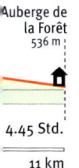

Die Zitadelle im Blick

Rundwanderung über Calvi

Die berühmte Kulisse der Festungsstadt wirkt aus größerer Distanz wie eine Festspielbühne. Der Weg führt zu einer Kapelle mit Aussichtskanzel und schwenkt unterhalb des Hausbergs von Calvi durch Macchia und Gärten zum Golf zurück.

DIE WANDERUNG IN KÜRZE

+ Anspruch	**Charakter:** Innerhalb des Ortes Teerstraßen, zur Kapelle Spazierweg, anschließend sandige Piste
2.45 Std. Gehzeit	**Ausrüstung:** Trinkwasser
	Wanderkarte: IGN 4149 OT, Calvi, Cirque de Bonifatu
9 km Länge	**Einkehrmöglichkeiten:** Bars und Restaurants im Hafen von Calvi

Anfahrt: Mit der **Bahn** von Ponte-Leccia (Anschluss Bastia –Ajaccio) nach Calvi. **Busverbindungen** von Ajaccio, Bastia und Corte

Vom **Bahnhof** in **Calvi** führt die Avenue de la République stadtauswärts. Wir biegen die erste Seitenstraße rechts ab, nehmen – vorbei am Hotel L'Abbaye (vor einem Kreuz) und dem Hotel Meridiana – die obere Querstraße links, von der gleich wieder eine Straße links abzweigt. Sie führt ins Neubaugebiet hinein und mündet vor dem EDF-Feriendorf (EDF = Eléctricité de France) in eine Kreuzung, an der wir uns kurz nach rechts wenden, um schließlich links in eine Sackgasse einzubiegen.

Der alte Fußweg nach »Notre Dame de la Serra« beginnt hinten bei einer Ruine, führt kurz über Stufen und Felsplatten in die unbebaute Macchia, endet aber gleich wieder vor einem Privatgrundstück. So müssen wir links hinunter zur Straße, auf der wir dann rechts bis zu den letzten Häusern hochsteigen. Von hier können wir in 15 Min. auf dem alten Weg zur Kapelle pilgern (1 Std.). **Notre-Dame de la Serra** (19. Jh.) erhebt sich auf den Ruinen einer sehr viel älteren Vorgängerkapelle. Von der Terrasse

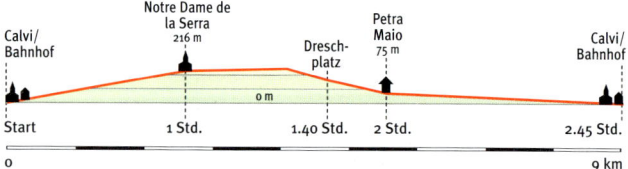

Calvi/
Bahnhof

Notre Dame de
la Serra
216 m

Dresch-
platz

Petra
Maio
75 m

Calvi/
Bahnhof

0 m

Start   1 Std.   1.40 Std.   2 Std.   2.45 Std.

0   9 km

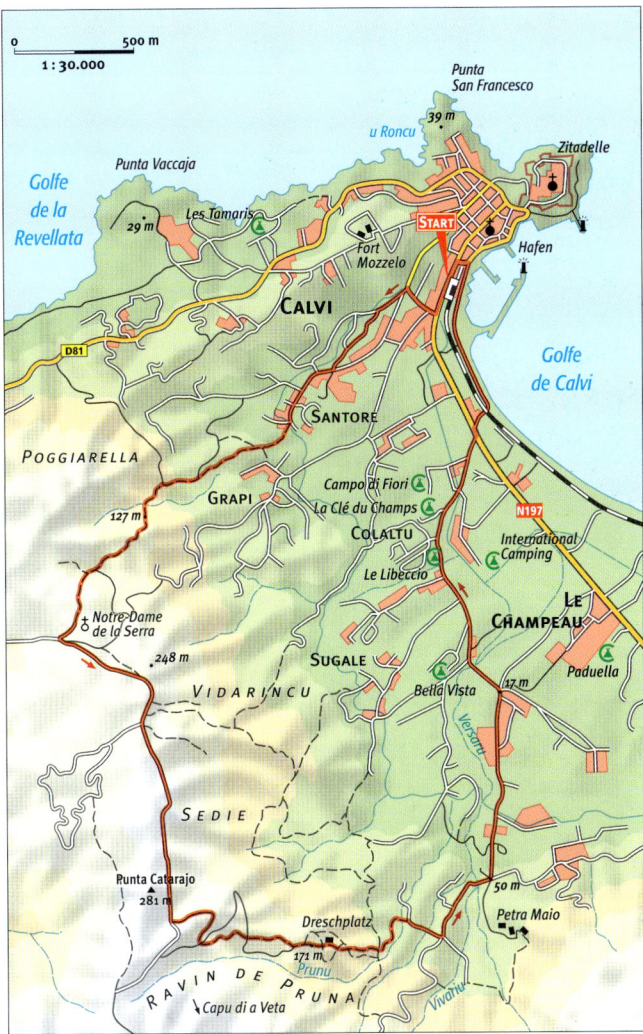

(216 m) überblicken wir den ganzen Golf.

Wir kehren um und wandern auf der rückwärtigen Erdpiste zielstrebig auf die Berge zu, die hinter dem Tal von Calenzana aufragen. Nach 10 Min. gehen wir an der ersten Gabelung geradeaus, nach weiteren 10 Min. biegen wir an der zweiten links ab. Wir wollen nicht auf den Capu di a Veta (703 m) hochsteigen, sondern vor dem Hausberg Calvis eine Runde über dem Golf drehen. Von dem sanft abwärts führenden Fahrweg zweigt nach 5 Min. (dunkelroter Doppelpfeil) ein Pfad ab, der die weiten Kehren der Piste abkürzt. Wir überqueren sie noch einmal und gelangen dann zu einem **Dreschplatz** mit zerfallenen Steinhütten (1.40 Std.). Geradeaus weiter durch die Macchia führend, schneidet der Pfad immer wieder die Piste ab, die schließlich in den aus- gewaschenen Rinnen der Abkürzung endet.

Jenseits des Prunu-Bachs erreichen wir einen Feldweg, dem wir nur kurz nach rechts folgen müssen, um vor dem Anwesen **Petra Maio** auf die As- phaltstraße zu treffen (2 Std.). Sie

Blick auf Calvi und Notre-Dame de la Serra

führt links direkt auf die Zitadelle zu, und wir müssen nur aufpassen, dass wir 5 Min. später vor dem Eingangstor mit der italienischen Inschrift »Pietra Maggiore« wieder nach links abbiegen und 10 Min. später an der nächsten größeren Kreuzung erneut die Abzweigung nach links nehmen. Nun geht es an mehreren Campingplätzen vorbei immer geradeaus bis zur Hauptstraße (N 197). Wir überqueren diese und dann – unter den Pinien – auch die Gleise der Schmalspurbahn. So können wir am Strand entlang und durch den Hafen zum **Bahnhof** von **Calvi** zurückwandern (2.45 Std.).

Unten winkt das Fischerdorf

Vom Palmarella-Pass zur versteckten Bucht von Girolata

Von einer Festung überragt, liegt Girolata zwischen zwei Stränden im weiten türkis schimmernden Golf. Das malerische Fischerdorf ist nur per Schiff oder zu Fuß erreichbar. Und nur dem Wanderer erschließt sich seine traumhafte Lage.

DIE WANDERUNG IN KÜRZE

++
Anspruch

5 Std.
Gehzeit

14 km
Länge

Charakter: Mittelschwere Rundwanderung über markierte Bergwege. Auf dem felsigen Kamm der Punta di a Laterniccia ist Trittsicherheit erforderlich.

Ausrüstung: Wasser, Badezeug

Wanderkarte: IGN 4150 OT, Porto Calanche de Piana

Einkehrmöglichkeiten: Strandrestaurant in Girolata, Camion-Bar auf dem Palmarella-Pass (in der Hochsaison geöffnet)

Unterkunft: In Girolata Gîte d'étape Le Cormoran, Tel. 04 95 20 15 55

Anfahrt: Mit dem **Auto** auf der D 81 von Galéria oder Porto kommend zum Col de Palmarella

---

Am **Col de Palmarella** weist eine Holztafel darauf hin, dass der Weitwanderweg »Tra Mare e Monti« hier die Straße kreuzt. Wir wenden uns nördlich Richtung Galéria/Girolata und folgen der orangefarbenen Markierung auf den Bergrücken. Während des Aufstiegs bieten sich landeinwärts großartige Ausblicke auf die Hauptgebirgskette vom Monte

Cinto bis zur Paglia Orba. Richtung Meer beeindruckt die Abfolge der Kaps (Cap Scandola, Cap Senino, Capu Rossu) und Buchten (Girolata, Porto). Nach gut 45 Min. erreichen wir die **Punta di a Literniccia,** eine Graskuppe mit schattigen Steineichen, auf der sich drei Wege kreuzen. Wir wandern Richtung »Girolata« den Kamm entlang, dessen höchste Er-

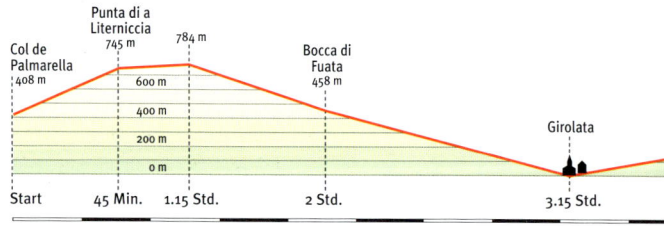

Mittagspause im Hafen von Girolata

hebung (784 m) wir 30 Min. später erreichen.

Das Panorama erweitert sich hier um die nördlichen Buchten, und wir zählen nicht weniger als sieben Landzungen. Direkt unter uns liegt Girolata, das Ziel der Wanderung. Da der Weg im felsigen Bereich nicht immer gut erkennbar ist, müssen wir jetzt genau auf die oft verblichenen Markierungspunkte achten. Unterhalb des zweiten Steinmännchens, das bald auf das erste folgt, geht es abwärts zu einer Plattform, bevor wir in nördlicher (Rechtsschwenk), dann – hinter dem Weideplatz – in westlicher Richtung (Linksschwenk Richtung Scandola-Halbinsel) durch zwei Buschwaldtunnel kommen. So erreichen wir schließlich bei einem Dreschplatz die **Bocca di Fuata** (2 Std.).

Von hier aus wandern wir noch gut 1 Std. im Halbschatten bergab, bis unser Pfad über dem Strand von Cavone die rote Felsküste erreicht. Aus dem kristallklaren Wasser erhebt sich rechts Scandola, links das **Fort von Girolata**, auf das wir nun zugehen (3.15 Std.). Der von einer Stützmauer abgesicherte Weg bringt uns in wenigen Minuten hinüber zu den roten Häusern des isolierten Fischerdorfs, das jedoch auf Gäste eingerichtet ist. Man sollte es sich nicht entgehen lassen, unter den Eukalyptusbäumen des Strandes von Focaghia einen frisch gefangenen Fisch zu essen.

Nach unserer Mittagspause finden wir am Ostende des Strandes die Fortsetzung des orange markierten Weitwanderweges »Tra Mare e Monti«. Achtung: Nicht auf dem spektakulären Küstenpfad bleiben, sondern

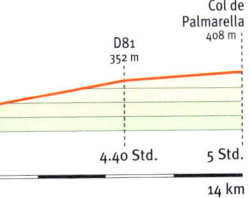

Col de Palmarella
408 m

D81
352 m

4.40 Std.   5 Std.

14 km

links nach oben steigen! Am Friedhof vorbei, entfernt sich unser Weg allmählich von der Küste. Knapp 30 Min. nach unserem Aufbruch von Girolata erreichen wir eine Gabelung. Wir biegen hier links Richtung »Curzu« ab, um den lang gestreckten Rücken zur Passstraße hochzugehen.

Wenn wir sie 1 Std. nach der Kreuzung erreicht haben, lesen wir auf dem Felsen die verheißungsvolle »Buvette«-Anzeige. Wir müssen links noch 1,8 km auf der Straße zurückgehen, um nach 20 Min. den Ausgangspunkt dieser Wanderung, den **Col de Palmarella,** zu erreichen (5 Std.). Hoffen wir, dass der angekündigte Erfrischungskiosk am Tag unserer Wanderung auch geöffnet hat.

Die Scandola-Halbinsel

Auf ihrer Nordseite wird die Bucht von Girolata von einer roten Landzunge begrenzt. Die unzugänglichen Klippen und Felsinseln bieten mit ihren Nischen, Simsen, Türmen seltenen Vögeln geschützte Nist- und Brutplätze. Über 200 Fischarten bevölkern das außergewöhnlich saubere, lichtdurchlässige Wasser, in dem das Neptungras fast 40 m tief wächst. Die Büsche bilden untermeerische Wiesen, in denen sich Korallen, Gorgonien, Langusten und Krebse tummeln. Das im Mittelmeerraum einmalige Naturreservat *(Réserve Naturel)* dient der Forschung, die mit der Beobachtung und Inventarisierung der noch intakten Ökosysteme betraut ist. Touristen bleibt die Möglichkeit, mit Ausflugsbooten (ab Ile-Rousse/Calvi/Galéria oder Porto) die Steilküste entlangzufahren und die fantastischen Felsnadeln, Tore und Grotten dieses ehemals vulkanischen Komplexes aus nächster Nähe zu erleben.

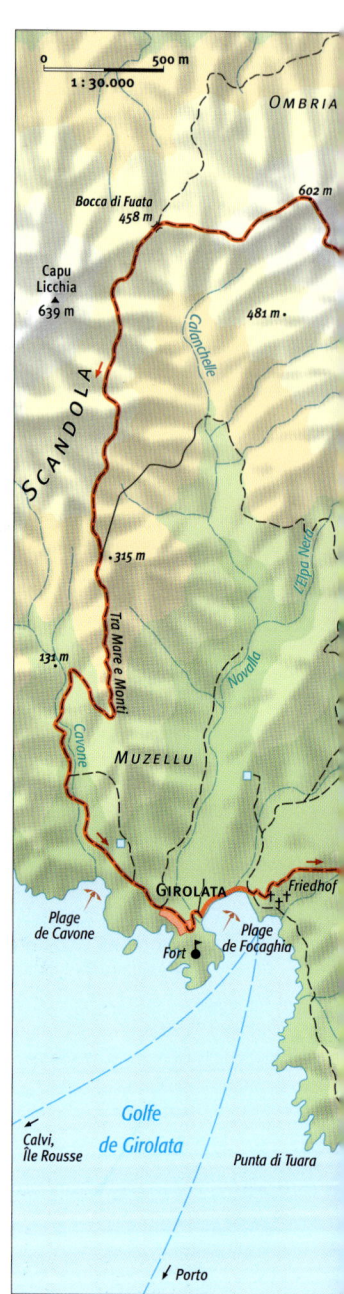

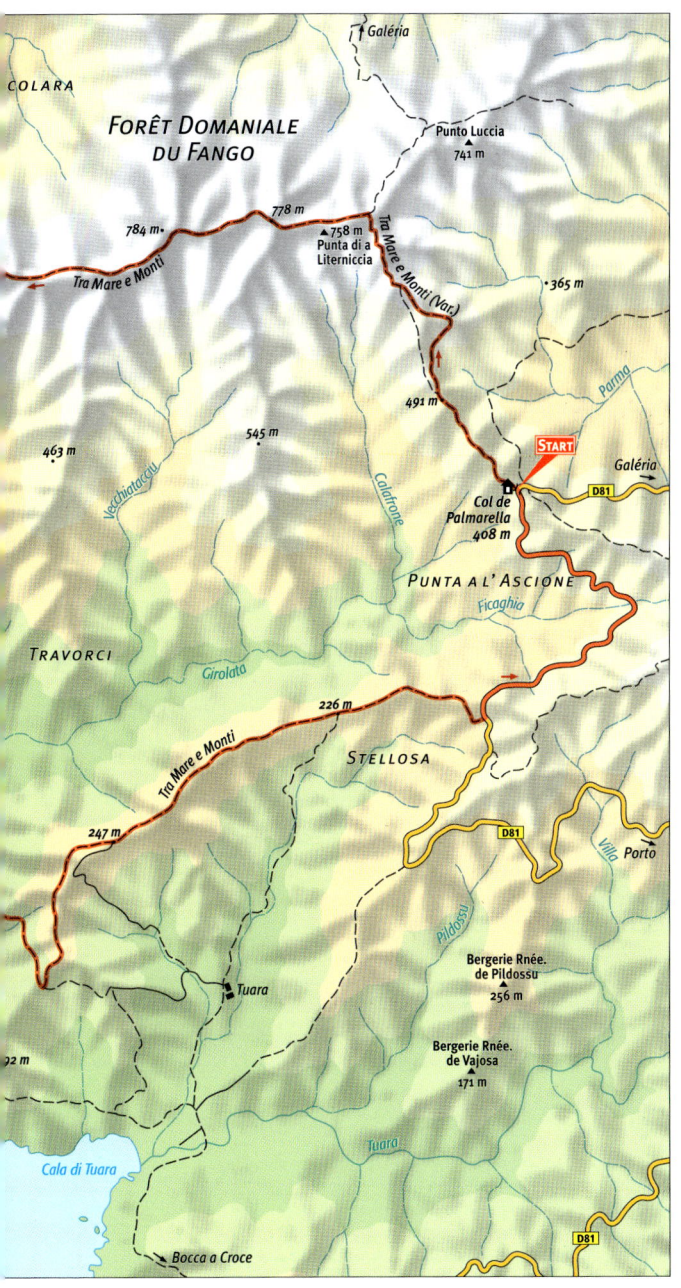

COLARA

Galéria

FORÊT DOMANIALE
DU FANGO

Punto Luccia
741 m

784 m•

778 m

▲758 m
Punta di a
Literniccia

Tra Mare e Monti

Tra Mare e Monti (Var.)

•365 m

•463 m

•545 m

Parma

491 m

START

Galéria

D81

Col de
Palmarella
408 m

PUNTA A L'ASCIONE

Ficaghia

Vecchiataccia

TRAVORCI

Girolata

226 m

STELLOSA

Tra Mare e Monti

247 m

D81

Villa

•Porto

Pildossu

Bergerie Rnée.
de Pildossu
256 m

Bergerie Rnée.
de Vajosa
171 m

■Tuara

92 m

Tuara

Cala di Tuara

▲ Bocca a Croce

D81

Durch den Felsengarten

Die Calanche de Piana

Mit ihren Schrunden und Zacken sind die verwitterten Gesteinsbildungen der Calanche ein Drei-Sterne-Highlight für alle Korsika-Besucher. Die Wanderung führt über der Aussichtsstraße in einen verschwiegeneren Abschnitt des fantastischen Felsengartens.

DIE WANDERUNG IN KÜRZE

++
Anspruch

2.45 Std.
Gehzeit

7 km
Länge

Charakter: Steinige Pfade mit teilweise kräftigen Steigungen, dazwischen streckenweise weicher Waldweg und 1,6 km asphaltierte Straße

Ausrüstung: Fotoapparat

Wanderkarte: IGN 4150 OT, Porto Calanche de Piana

Einkehrmöglichkeit: Chalet des Roches Bleues

Anfahrt: Mit dem **Auto** von Porto über die D 81 nach Piana

Tipp: Da das Porphyrgestein im Abendlicht am intensivsten leuchtet, sollte man die Tour erst am späten Nachmittag beginnen.

Der einzige Parkplatz im Calanche-Bereich (sonst nur Parkbuchten) befindet sich vor dem Tête du Chien (»Hundekopf«). Hier beginnt der stark frequentierte, orange markierte Weg zum Château Fort (›Burg‹). Der zunächst abfallende, dann kurz ansteigende, keinesfalls bequeme Pfad führt an bizarren Tafoni-Formationen vorbei, eröffnet schöne Blicke auf den Golf von Porto und endet spektakulär vor einem festungsähnlichen Gesteinsblock, der hoch über dem Meer eine beliebte Aussichts-plattform bildet. Man erreicht dieses Château Fort nach gut 20 Min. und kehrt auf demselben Weg wieder zur Straße zurück, die man – wohl oder übel – ein Stück hochgehen muss.

Es sind etwa 600 m bis zum **Chalet des Roches Bleues** (1 Std.). Auf der gegenüberliegenden Straßenseite weisen eine Reihe von Schildern auf den Pfad, der in Serpentinen nach oben steigt und auch Richtung Capu d'Ortu führt. Schon nach 10 Min. bietet sich ein herrlicher Blick auf die Dardo-Bucht und ihre ›Burg‹. Der Ver-

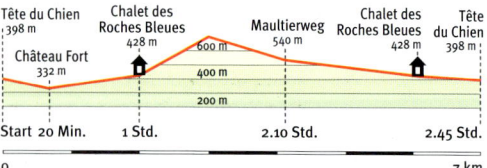

Tête du Chien 398 m | Chalet des Roches Bleues 428 m | 600 m | Maultierweg 540 m | Chalet des Roches Bleues 428 m | Tête du Chien 398 m
Château Fort 332 m | 400 m | | 200 m |
Start 20 Min. | 1 Std. | 2.10 Std. | 2.45 Std.
0 | 7 km

kehrslärm wird schwächer und verschwindet ganz, wenn wir rechter Hand eine markante Reihe von Felszacken hinter uns lassen. Der rot-blau markierte Weg entfernt sich jetzt von der Küste und schlängelt sich einen Bach entlang durch lichten Kiefernwald, aus dem links die Tafoni-Plastiken des Palani-Felsens herausragen.

Nach etwa 45 Min. (vom Chalet aus gerechnet) erreichen wir eine Gabelung. Wir nehmen hier rechts den beschilderten Weg Richtung »Piana«, der auf weichem Nadelboden sanft hinabführt. So gelangen wir – hinter den spektakulären Calanche-Türmen der Küste – in eine verschwiegene Heidelandschaft, die von Tafoni übersät ist. Bald kommt das Meer wieder in Sicht.

Während wir vor uns im Tal Piana (435 m) liegen sehen, entdecken wir

rechts im Felsen den gepflasterten Maultierweg, den »Sentier des Muletiers«, der das frühere Bauerndorf, heute ein kleines Touristenzentrum, einst mit Ota, dem Nachbarort hinter dem Capu d'Orto, verband. Diesen Weg wollen wir einschlagen, verlassen unseren grün markierten Pfad und folgen der blauen Markierung senkrecht hinunter. Der Maultierweg führt dann rechts durch Erdbeerbäume direkt auf die gemauerte Trasse zu.

Wir steigen nicht durchs Unterholz zur D 81 ab (Abzweigung links), sondern gehen geradeaus in den Felsbereich hinein, um hoch über der heutigen Straße durch die zerklüfteten Calanche zu promenieren. Hier bieten sich atemberaubende Ausblicke auf den Dardo, das Château Fort und die anderen Türme, die gegen Abend –

Tafoni-Felsen auf dem Weg zur ›Burg‹

bei tief stehender Sonne – feuerrot vor dem Golf von Porto aufleuchten. Leider endet der Panoramaweg nach 15 Min. an einem Felsentor, hinter dem ein beschwerlicher Pfad abrupt steil zur Straße hinunterführt. Wir erreichen sie bei der Immaculata (Marienstatue), 5 Min. oberhalb des Chalet, und folgen der Straße 1 km zurück bis zum Parkplatz am **Tête du Chien** (2.45 Std.).

Tafoni

Die bizarren Hohlformen (kors. tafonare = durchlöchern) sind im Mittelmeer nirgends markanter ausgeprägt als in Korsika und dort am eindrucks-

vollsten in den Calanche, die der Schriftsteller Maupassant als »Weltwunder« bezeichnet hat. Da die Löcher sich von unten nach oben in die oft überhängenden Felsen fressen und baldachinartige ›Dächer‹ zurücklassen, kommt eine direkte Einwirkung von Niederschlägen nicht in Frage. Entscheidend für das innere Abblättern sind wohl Temperaturdifferenzen zwischen der Gesteinsoberfläche und tieferen Gesteinspartien. Niederschläge und andere chemische Faktoren spielen bei dieser Lochverwitterung eine intensivierende, beschleunigende Rolle. Man findet die dezimeter-, oft metergroßen Nischen, Fenster, Gitter von 0 bis 1500 m über dem Meeresspiegel.

Spähposten über der Steilküste

Zur Tour de Turghiu auf dem Capu Rossu

Die zerklüftete Halbinsel ist heute eine Einöde mit zerfallenden Bergerien. Von der Plattform des ungewöhnlich hoch gelegenen (331 m) Genueserturms bietet sich ein spektakulärer Ausblick auf die Calanche-Klippen und den gesamten Golf von Porto.

DIE WANDERUNG IN KÜRZE

+ Anspruch	**Charakter:** Leichte, bei Hitze jedoch strapaziöse Wanderung. Zunächst breiter Weg durch baumlose Macchia, am Schluss kurzer Aufstieg auf felsigem, teilweise gepflastertem Terrain
3 Std. Gehzeit	
	Ausrüstung: Wasser
7 km Länge	**Wanderkarte:** IGN 4150 OT, Porto Calanche de Piana

Einkehrmöglichkeit: Snack-Bar am Beginn der Wanderung

Anfahrt: Mit dem **Auto** auf der D 824 von Piana Richtung Plage d'Arone. Mit dem **Bus:** Verbindung Porto–Ajaccio mit Halt in Piana, von dort bis zum Startpunkt allerdings 1 Std. Fußmarsch auf der Straße

6 km westlich von Piana schwenkt die **D 824** nach Süden zum Arone-Strand hinunter. Wir parken in der **Kurve** und gehen rechts ab Richtung »Capu Rossu, Turghiu«. Der Wanderweg senkt sich entlang (links) dem Meer zu. Den hoch gelegenen Genueserturm vor Augen, schweift der Blick südwärts über sanft abfallende Weiden und verfallene Bergerien auf zwei Buchten. Zweimal nähern wir uns dem Kamm, hinter dem die Landzunge steil nach Norden abbricht.

Der Turm verschwindet allmählich aus dem Blickfeld, und wir passieren weiter abwärts einen idyllischen Ankerplatz. Ein bizarrer Felsfinger ragt aus der kleinen Bucht, zu der wir freilich nicht ganz hinabgehen. Vorbei an zwei Ruinen, steigt der Pfad nach gut 45 Min. vielmehr leicht an und erreicht ein vom Meer umschlossenes Plateau, auf dem früher

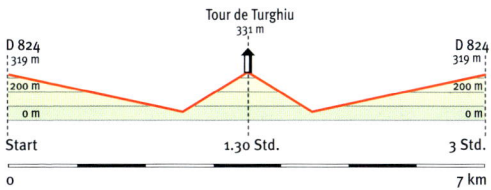

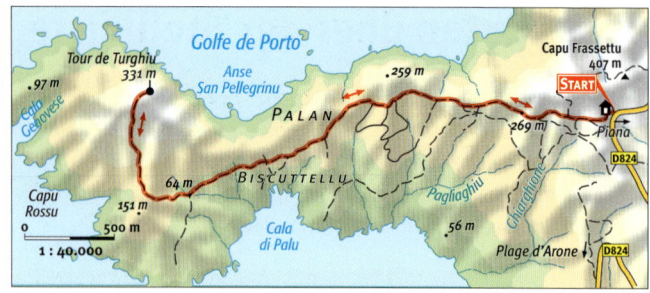

Getreide angebaut wurde. Wir lassen die Steinhütten mit dem darüber liegenden Dreschplatz links liegen und nehmen, im Rechtsbogen über Terrassen schwenkend, den Anstieg in Angriff.

Der Turm kommt nun von der anderen Seite wieder in den Blick. Wir folgen den Steinmännchen relativ steil nach oben, den größten Teil der Strecke über roten Granit. Wenn wir in der **Tour de Turghiu** die Treppe hochgestiegen sind (1.30 Std.), bietet sich von der Plattform eine großartige Panoramaaussicht auf die Scandola-Halbinsel, den Golf von Porto mit Calanche und die Cinto-Kette. Auf demselben Weg kehren wir zum Ausgangspunkt an der **D 824** zurück (3 Std.).

Auf dem Weg Richtung Capu Rossu

Über Brücken ins Bergland

Von Ota durch die Spelunca-Schlucht nach Evisa

Bevor eine moderne Passstraße die beiden Bergdörfer verband, zwängten sich schwer bepackte Maultiere 300 m tiefer durch die Schlucht. Rote Granitfelsen und rauschende Bäche säumen den alten Verbindungsweg, der über zwei Genueserbrücken führt.

DIE WANDERUNG IN KÜRZE

++
Anspruch

4.45 Std.
Gehzeit

13 km
Länge

550 m
An-/Abstieg

Charakter: Gut ausgetretener, teilweise gepflasterter Fußweg, bis zum Pont de Zaglia mit geringer Steigung, danach 550 m Höhenunterschied

Ausrüstung: Proviant, Badezeug

Wanderkarte: IGN 4150 OT, Porto Calanche de Piana

Einkehr und Unterkunft: Chez Félix in Ota (Tel. 04 95 26 12 92), mehrere Bars

und Hotel-Restaurants in Evisa

Anfahrt: Mit dem **Auto** von Porto über die D 124 nach Ota. Mit dem **Bus** von Ajaccio über Porto nach Ota und ab Evisa über Vico zurück nach Ajaccio (jeweils nur im Sommer und werktags).

Ota liegt abseits der Passstraße (D 84) auf der Nordseite des Porto-Flusses. Die Natursteinhäuser schmiegen sich im Halbkreis an den steilen Hang des Capu d'Ota, der das Bergdorf mächtig überragt. Am schattigen Kirchplatz können wir in einem der Lebensmittelläden mit korsischen Spezialitäten noch etwas Proviant besorgen, bevor wir dem östlichen Ortsausgang zustreben. Drei Kanarische Dattelpalmen beschatten das Kriegerdenkmal, das den Hof der Post zur Straße hin abschließt. Einige Schritte weiter bemerken wir an der Hausmauer eine Steintafel, die Ota als mediterrane Oase besungen wird. Hier geht es rechts die Treppen hinunter.

Wir folgen der orangefarbenen Markierung aus dem Dorf hinaus und gelangen auf einen sanft abfallenden Weg, der unterhalb der Straße ins Flusstal führt. Nach etwa 20 Min. kommen wir zur **Bogenbrücke von Pianella,** in Wanderkarten als »Ponte Vecchiu« verzeichnet. Wir schreiten die schön restaurierten Stufen empor und wechseln das Ufer. Kurz darauf mündet der Pfad in einen Fußballplatz. Die von der Passstraße herunterkommende Abzweigung nach Ota (D 124) macht hier eine Kehre und überquert dabei die **Deux Ponts d'Ota,** unter denen sich der Aitone mit dem Lonca-Fluss vereint. Wir gehen nur ein paar Schritte auf der Straße hinunter und treten gleich

61

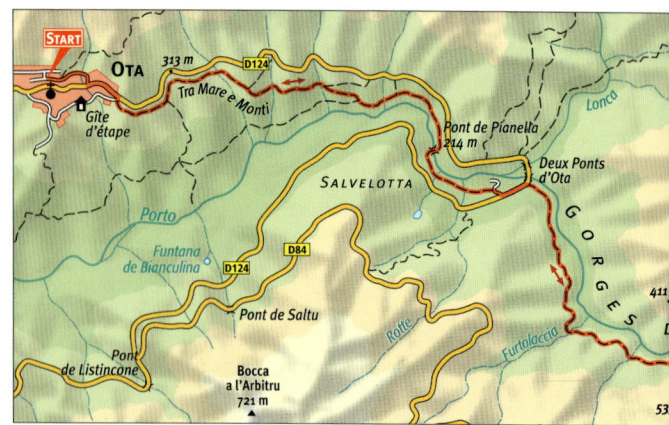

rechts an der Doppelbrücke (Wegweiser »Spelunca Evisa«) in die Schlucht ein.

Der alte Maultierpfad ist gut ausgetreten und trotz steiniger Passagen bequem begehbar. Er bleibt anfangs an der Seite des munter sprudelnden Aitone, steigt dann auf natürlichen Steintreppen zielstrebig höher, um in 20 bis 30 m Abstand dem Bachbett sanft nach oben zu folgen. Wir wandern im Halbschatten der 1–5 m hohen Macchiasträucher und wechseln von sonnenbeschienenen Felsvorsprüngen in kühle Nischen mit Seitenzuflüssen. Die üppige Vegetation duftet würzig und begeistert im Frühling durch ihre Farbenpracht. Dann blühen weiße, gelbe und rote Zistrosen am Wegrand und im Unterholz

Alpenveilchen. Wenn wir aufschauen, fällt der Blick auf die rosafarbenen Felsen des Capu Rossu und der umliegenden Wände.

30 Min. nach Eintritt in die Schlucht queren wir ein Geröllfeld und gelangen erneut ans Wasser. Unvermittelt stehen wir vor dem **Pont de Zaglia,** der – ganz unter Erlen verborgen – den Tavulella-Bach überspannt (1 Std.). Er mündet hinter der Brücke in den Aitone und bildet mit ihm eine wildromantische Gumpenlandschaft, die zur Rast (Bad mit Picknick) einlädt. Das Zelten ist hier jedoch verboten.

Danach steigt der Weg in steingepflasterten Kehren ziemlich steil nach oben. Unzählige Eidechsen ergreifen die Flucht vor unserem Tritt.

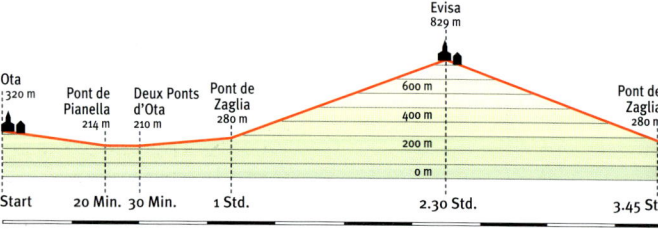

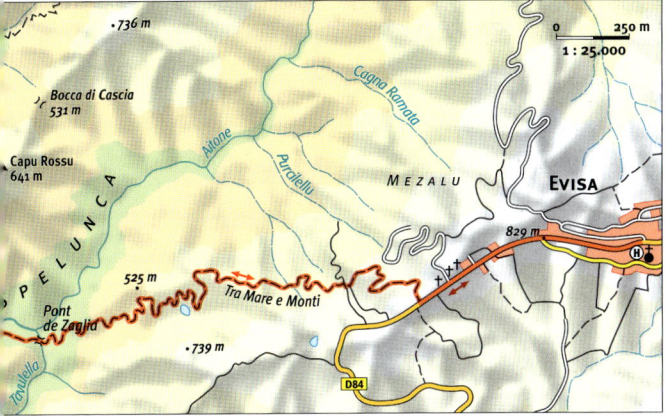

Vorne, seitlich und rückwärts erheben sich die eindrucksvollen Felstürme aus rotem Granit, die mit zunehmender Höhe zahmer erscheinen und bald hinter dichtem Buschwerk verschwinden. Gut 1 Std. nach unserem Aufbruch von der Zaglia-Brücke erreichen wir einen lichten Kiefernwald, um kurz darauf beim Friedhof auf die Passstraße zu stoßen. Wir befinden uns am unteren Ortseingang von **Evisa** und müssen noch 10 Min. aufwärts gehen, bis wir an der Place de la Fontaine ankommen (2.30 Std.). Hier, oberhalb der Kirche, finden wir neben zahlreichen Bars und Läden auch die Post, vor der sich die Bushaltestelle befindet. 100 m weiter bietet sich der Postkartenblick, der das von Kastanienwäldern umgebene Dorf vor der Kulisse des Capu d'Orto zeigt.

Im unteren Ortsteil stoßen wir beim Friedhof wieder auf unseren Wanderweg, der uns auf der bekannten Trasse nach **Ota** zurückbringt (4.45 Std.).

Genueserbrücken

Als im 15. Jh. die Stadtrepublik Genua die Insel Korsika unterwarf, entstanden nicht nur die berühmten Wachtürme über den Buchten und Kaps, sondern landeinwärts in den Tälern zahlreiche Brücken, über die Käse, Wolle, Bohnen, Öl und Wein in die Häfen hinunter geschafft wurden. Der Pont de Pianella stammt aus dieser Epoche. Der wesentlich jüngere Pont de Zaglia wurde 1745 von der Gemeinde Evisa errichtet, um den Schäfern den Auftrieb zu den Bergerien zu erleichtern. Doch orientierte man sich damals noch an der genuesischen Architektur.

Beide Steinbrücken sind einbogig, keine 3 m breit und spannen sich als schlichte ›Eselsrücken‹ *(dos d'âne)* von Ufer zu Ufer. Ein grober Pflaster-

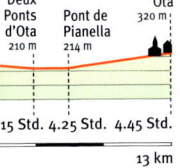

Deux Ponts d'Ota 210 m

Pont de Pianella 214 m

Ota 320 m

15 Std. 4.25 Std. 4.45 Std.

13 km

Tour 14

mantel bildet die Chaussee, die beidseitig von einer niedrigen Brüstung gesäumt wird. Bei der erst jüngst restaurierten Pianella-Brücke betont sie die gebrochene Linie des getreppten Weges. Bei der Zaglia-Brücke sucht man sie vergebens, denn die wuchernde Vegetation hat die Stützmauern im Lauf der Zeit zersetzt.

Der Pont de Zaglia – ›Eselsrücken‹ über dem Aitone

Seerosen und Feenmärchen

Von Soccia zum Creno-See

Dunkle Lariciokiefern spiegeln sich in dem stillen Wasser, das an seinen Rändern mit Schilf und roten Seerosen besiedelt ist. Wer auf den Sumpfwiesen des Märchensees lagert, ahnt etwas vom Geheimnis der hier beheimateten Feenkönigin.

DIE WANDERUNG IN KÜRZE

+ Anspruch	**Charakter:** Leichte Wanderung auf gutem Gratweg, schöner Rastplatz am See	(3 km vom Startpunkt, ohne Restaurant, Tel. 04 95 28 31 92)
2.30 Std. Gehzeit	**Ausrüstung:** Proviant, Fotoapparat	**Anfahrt:** Mit dem **Auto** auf der D 23 von Vico zum Kurort Guagno-les-Bains und – nach 2 km links abzweigend – auf der D 123 weiter nach Soccia. Mit dem **Bus** von Ajaccio über Sagone und Vico nach Soccia
	Wanderkarte: IGN 4251 OT, Monte d'Oro, Monte Rotondo	
7 km Länge	**Einkehr und Unterkunft:** Snack-Bar am Parkplatz, Hotel U Paese in Soccia	

Die kurvige und enge Dorfstraße von Soccia überwindet eine Höhendifferenz von etwa 100 m. Bei der Auffahrt halten wir uns rechts, um am nordöstlichen Ortsrand die ausgeschilderte Serpentinenstraße noch 3 km Richtung Ziocu-Kraftwerk weiterzufahren. Bei der zweiten Schleife stellen wir den Wagen am dortigen **Parkplatz** ab. Er liegt unterhalb des **Metallkreuzes,** das den Beginn der Wanderung markiert.

Der Weg verläuft oberhalb des Ziocu-Tales, das nördlich von den Felswänden des Arbariccia begrenzt wird. Er führt oberhalb der Kastaniengruppen durch schattenlose Macchia und steuert, stetig ansteigend, auf den Monte Sant'Eliseo zu. Bald sehen wir unter uns im felsigen Hochtal die Bergerie de l'Arate mit ihrem kleinen Teich. Nach 45 Min. passieren wir die Abzweigung nach Ortu. Danach gehen wir noch 10 Min. über Erika und Wacholder bis zum Kiefernwald, der uns in weiteren 10 Min. leicht abwärts auf feuchtem, steinigem Terrain zum Ziel bringt. Erst in letzter Minute sehen wir den **Lac de Creno** schwarz glänzend hin-

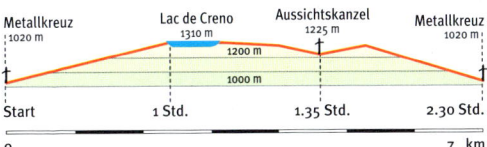

ter den Baumstämmen hervorschimmern (1 Std.). Der See lässt sich in wenigen Minuten umrunden. Vorbei am Naturparkgebäude, blickt man an der Südseite ins verschwiegene Creno-Tal, das sich – im Rücken des Monte Sant'Eliseo – zum Fiume-Grosso-Tal öffnet.

Wenn wir uns dann auf den Rückweg machen, nehmen wir über der Bergerie die Abzweigung nach Ortu. Der Weg führt auf einem Höhenrücken (Capu a u Pantanu) 10 Min. leicht bergab. Wir erreichen hier eine kleine **Aussichtskanzel** mit Kreuz (1.35 Std.), die über einem anderen Seitenzufluss (Fumicellu) des Fiume Grossu weit ins Tal hineinschauen lässt. Unmittelbar vor uns liegen die Zacken des Monte Sant'Eliseo, unter

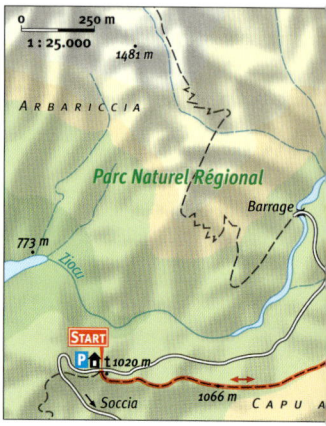

uns Ortu, ein entlegenes, fast entvölkertes Bergdorf ›am Ende der Welt‹.

Am Lac de Creno

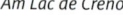

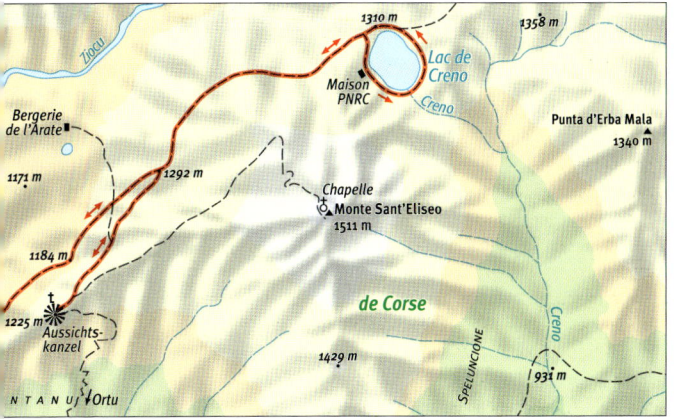

Wir kehren hier um und gehen zurück zur Abzweigung, um auf dem bereits bekannten Weg Richtung Soccia zum **Parkplatz** beim Forsthaus *(Maison forestière)* abzusteigen (2.30 Std.).

Auf die markantesten Gipfel zu

Hirtenweg ins obere Golo-Tal

Der Golo entspringt unter der Schutthalde, die das Capu Tafunatu von der Paglia Orba trennt. Die Wanderung führt auf die zwei markanten Gipfel zu, immer den Bach entlang durch das wildromantische Hochgebirgstal.

DIE WANDERUNG IN KÜRZE

++ Anspruch	**Charakter:** Steiniger Hochgebirgsweg mit leichter Kletterpassage im oberen Bereich, anfangs noch im Wald, jenseits der Baumgrenze (1600 m), aber schattenlos. Im Sommer bieten sich traumhafte Badeplätze auf den glatt geschliffenen Becken des Golo.
5.30 Std. Gehzeit	
12 km Länge	
	Ausrüstung: Trinkwasser, Proviant, Badezeug
	Wanderkarte: IGN 4250 OT, Corte Monte Cinto

Einkehr und Unterkunft: Hotel-Restaurant Castellu di Vergio unterhalb des Passes, 2 km vom Startpunkt entfernt. Refuge Ciuttulu di i Mori (nur Nachtlager)

Anfahrt: Mit dem **Auto** von Porto über Evisa auf der D 84 zum Col de Vergio, 2 km nach dem Hotel Castellu di Vergio in der Haarnadelkurve (Fer a cheval) parken

Die Passstraße zum Col de Vergio beschreibt unterhalb der Skistation eine Haarnadelkurve, **Fer à Cheval,** (»Hufeisen«), die 1329 m über dem Meer einen Parkplatz einschließt. Auf der gegenüberliegenden Straßenseite führt ein gelb markierter Pfad durch ein Birkenwäldchen. Nach 2 Min. weist ein Holzschild halblinks den Weg zur Bergerie de Radule. Wenige Minuten später stoßen wir auf den rot-weiß markierten GR 20, dem wir nach rechts folgen. Das Birkenwäldchen wird im oberen Bereich

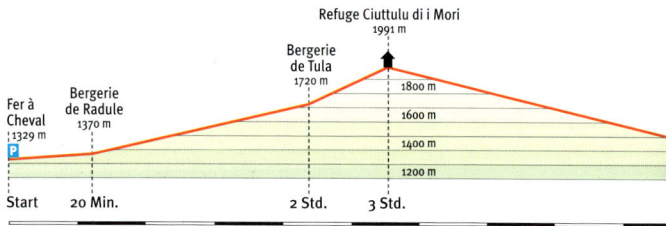

von mächtigen Lariciokiefern überragt. Nach Erreichen eines Höhen-
rückens geht es sanft bergab in einen
Bergkessel hinein. Wir hören rechts
den jungen Golo rauschen, entdecken unten im Tal einen Wasserfall, die Cascade de Radule, und darüber einen lichten Kiefernhain, der
zwischen den nackten, violett-grün
schimmernden Felswänden ein ver-
lockendes Ziel abgibt.

Nach 20 Min. tauchen unvermittelt die Steinbauten der **Bergerie de
Radule** auf, die im Hochsommer von
Bauern aus Albertacce bewirtschaftet wird. Vorbei an Kupferkesseln
und Schweinekoben steigen wir
dann ins Golo-Tal hinunter, um in
wildromantischer Szenerie mit bizarren Felsbrocken, umgestürzten Kiefern und dunklen Badegumpen den
Bach zu überqueren.

Der Weg führt nun am orographisch linken Ufer recht beschwer-
lich durch ein Felsenchaos, bis man
nach gut 30 Min. auf große Granit-
platten gelangt, die ein fantasti-
sches Naturbecken formen. Wir
überqueren hier erneut den Golo,
schwenken nach rechts und wandern, nun oberhalb der Baumgrenze, bequem und mit geringer Steigung weiter ins Tal hinein. Da wir
zahlreiche Gumpen passieren, eine
schöner als die andere, können wir
uns für den Rückweg schon die Badestelle aussuchen.

Im oberen Golo-Tal

Im Talschluss erheben sich die unverwechselbaren Gestalten des **Capu Tafunatu** (links) und der **Paglia
Orba** (rechts), beide durch eine markante Scharte getrennt, unter der
wir das Refuge Ciuttulu di i Mori erkennen, unser Ziel. Wenn wir nach
etwa 2 Std. Gehzeit die Mäuerchen
der **Bergerie de Tula** vor uns sehen,
kümmern wir uns nicht um die Abzweigung des GR 20, die links den
Hang hochführt. Wir halten uns
rechts, überqueren wieder den Golo
und steuern das Refuge an, das
noch eine Wegstunde vor uns liegt.
Der Pfad wird wieder steiler, führt
links unter einem Schatten spen-
denden Felskoloss vorbei und erfor-
dert am Ende zweimal Handabstüt-
zung, damit wir die letzten Meter zur
Schutzhütte schaffen.

Bergerie
de Radule   Fer à
1370 m   Cheval
             1329 m
                    P

5 Std. 5.30 Std.

12 km

69

Vom **Refuge Ciuttulu di i Mori** (3 Std.) blicken wir dann hinunter auf unseren Wanderweg, zurück ins kahle Tal des Golo, das nur stellenweise – über den Wasserläufen – von tiefgrünen Erlenbüschen bewachsen ist. Hinter uns erheben sich die Wände des Capu Tafunato und des Paglia Orba, denen sich Ausdauernde in weiteren 20 Min. noch bis zum Col des Maures nähern können, um dort einen Blick auf den mächtigen Felsabbruch im Norden zu werfen. Bergsteiger klettern von hier aus auf das korsische ›Matterhorn‹ oder den ›Berg mit dem Loch‹.

Wir jedoch setzen unsere Wanderung vom Refuge aus in südwestlicher Richtung fort, wo sich der GR 20 gemächlich über einen Bergrücken schwingt, der das Golo-Tal vom Lonca-Tal trennt. Schafe weiden auf dem flachen Sattel, über den wir von der Kuppe noch einen Blick auf die großartige Hochgebirgskulisse werfen, bevor wir das dichte Buschwerk der Grünerle durchqueren und dann in kurzen Kehren über rutschigen Schotter steil absteigen.

Kurz nach der Bergerie de Tula stoßen wir wieder auf den Golo und wandern auf derselben Seite zurück, auf der wir gekommen sind. Jetzt erfrischen wir uns in ›unserer‹ Gumpe, und am Ende können wir in der **Bergerie de Radule** fürs Abendessen vielleicht noch einen *brocciu* (korsicher Frischkäse) erstehen (5.15 Std.). Vorsicht: Unmittelbar nach der Bergerie gabelt sich der Weg. Wir steigen nicht zum Col de Vergio hoch, sondern folgen dem rot-weiß markierten GR 20 wie gehabt durch das Birkenwäldchen, wo uns der gelb markierte Abzweig schnell zur Haarnadelkurve, dem **Fer à Cheval**, zurückbringt (5.30 Std.).

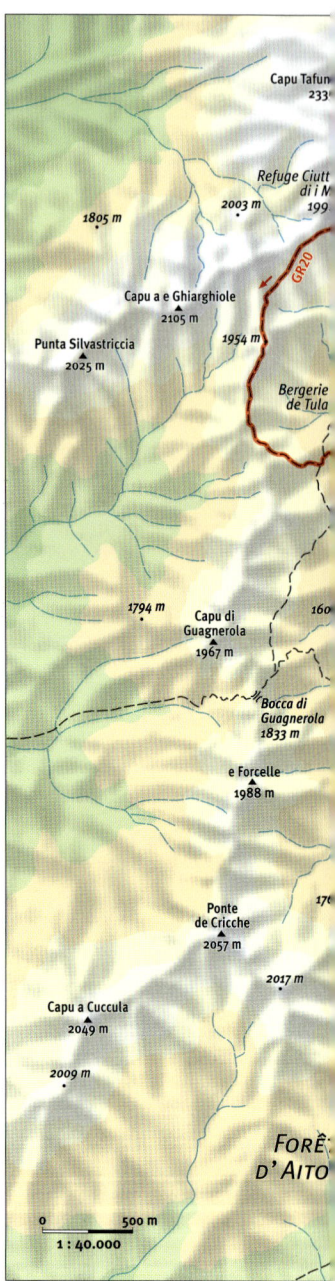

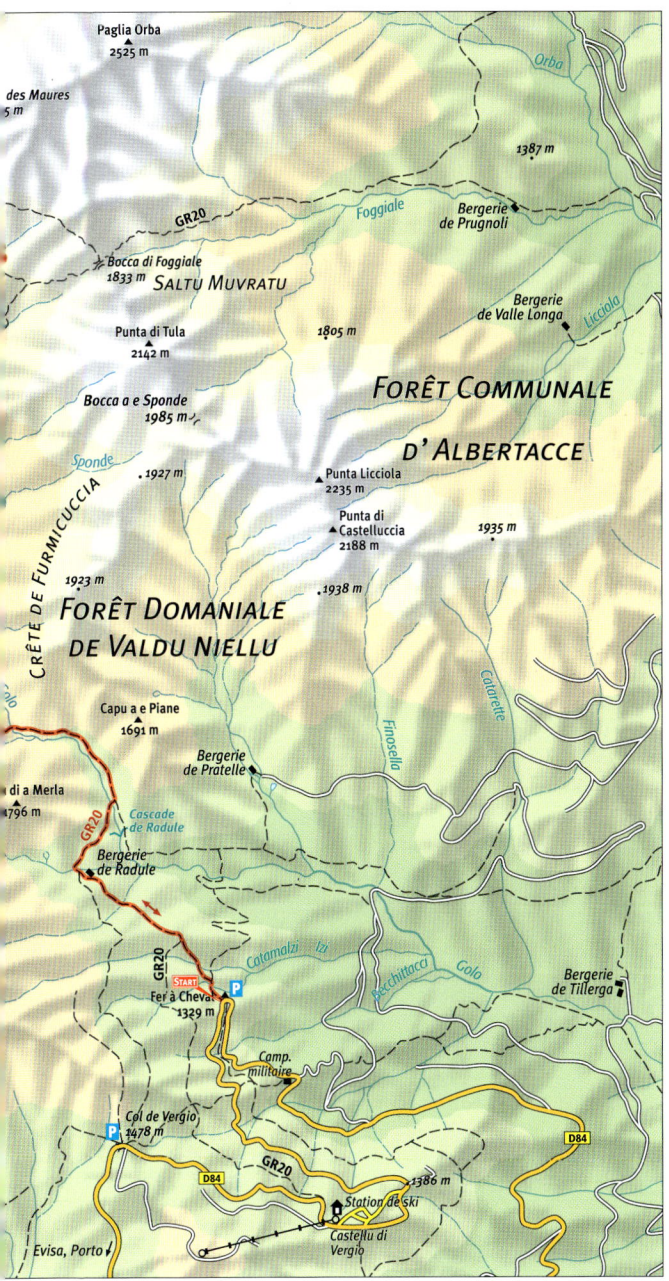

Die Ochsen des Teufels

Durch den Valdu Niellu-Wald zum Nino-See

Die Wanderung führt ins Herz der korsischen Hochgebirgslandschaft. Oberhalb der Baumgrenze liegt hinter der felsigen Passhöhe versteckt ein von Sumpfwiesen umrahmter Gletschersee. Der Weg folgt dann der Gratlinie, bevor er wieder in den Kiefernwald hinuntertaucht.

DIE WANDERUNG IN KÜRZE

+++
Anspruch

6.30 Std.
Gehzeit

16 km
Länge

700 m
An-/Abstieg

Charakter: Bis zur Bergerie de Colga bequem ansteigender Waldweg, danach folgt eine steile Passage im Fels – für trittsichere Wanderer und bei trockenem Wetter ungefährlich. Anschließend schöner Gratweg (GR 20) – für Schwindelfreie ein Genuss. Der Sentier de Ronde ist weniger gepflegt, aber nicht zu verfehlen. Insgesamt eine Rundwanderung, die Kondition verlangt.

Ausrüstung: Proviant, Trinkwasser

Wanderkarte: IGN 4251 OT, Monte d'Oro, Monte Rotondo

Einkehrmöglichkeiten: Keine

Anfahrt: Mit dem **Auto** auf der Passstraße D 84 zum Forsthaus (Maison forestière) von Poppaghia, 10 km hinter Albertacce und 13 km unter dem Col de Vergio

Gegenüber dem **Forsthaus von Poppaghia** begrüßt ein großer Waldparkplatz die motorisierten Wanderer mit dem Schild »Lac de Nino 2h45«. Der Ausgangspunkt dieser Wanderung liegt mitten im Valdu Niellu, der auf dieser Höhe (1076 m) über 30 m hohe und an die 500 Jahre alte Lariciokiefern aufweist. Wir folgen dem breiten, gelb markierten Weg durch den Hochwald: Birken sind untergemischt, moosbewachsene Felsbrocken liegen

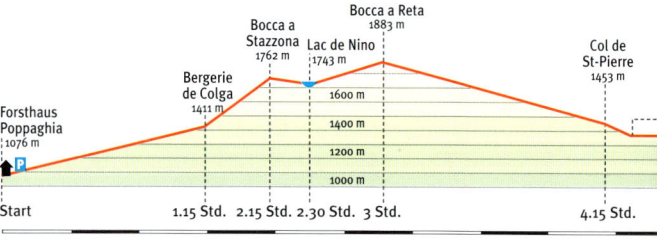

Am Lac de Nino

im Farn, die korsische Nieswurz macht auf sich aufmerksam.

Nach 10 Min. vernehmen wir linker Hand das Rauschen des Colga-Baches, dem wir auf steilerem, steinigerem Weg nach oben folgen, ohne ihn je zu queren. Nach 30 Min. zwängen wir uns jedoch durch das erlenbestandene Bachbett eines Seitenzuflusses. Die Szenerie wird wildromantisch, wir treten auf Felsplatten, steigen über umgestürzte Baumriesen. Nach gut 1 Std. erreichen wir über blanken Stein die Waldgrenze und erblicken vor uns die Passhöhe. Sie liegt unter dem Capu a u Tozzu in dem gewaltigen Felsenrund, das über den langen Grat der Punta Artica (links, 2327 m) weit nach Osten reicht.

Es heißt jetzt aufpassen, denn der Weg verliert sich leicht im Erlengebüsch. Gleich nach der letzten, abgebrochenen Kiefer queren wir den Wasserlauf ein letztes Mal nach rechts (gelbe Markierung auf dem Stein) und wandern in das flache Hochtal hinein, vorbei an der Bergerie de Colga. Jetzt beginnt der steile Aufstieg in den glatt geschliffenen Fels. Wir nehmen gelegentlich die Hände zu Hilfe und achten genau auf Markierungen und Steinmännchen. Wenn wir nach 30 Min. Kletterei flacheres Terrain erreichen, wenden wir uns zurück und lassen den Blick über das Colga-Tal nach Norden zur Paglia Orba schweifen. Zweimal überqueren wir hier Bächlein, bevor es zwischen Korsischem Edelweiß eine Rinne hochgeht. Wenn wir uns rechts halten, erreichen wir in wenigen Minuten –– 2 Std. nach unserem Aufbruch – die Passhöhe.

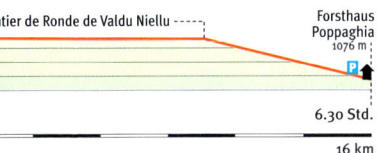

Tour 17

Die **Bocca a Stazzona** (2.15 Std.) ist eine riesige Felsenterrasse, auf der bizarre Brocken, nach der Legende die »versteinerten Ochsen des Teufels«, liegen. Die Aussicht auf den Nino-See ist überwältigend. Er liegt lieblich auf Wiesen gebettet in einer Steinwüste. Den Hintergrund bildet die Hochgebirgskette des Campotile, in der sich weitere Gletscherseen (Gloria-, Capitello- und Melo-See) verbergen. Man steigt zum **Nino-See** hinunter und quert nach rechts die moorigen Graspolster, bis man am Nordwestufer auf den GR 20 stößt (2.30 Std.). Auch die Umrundung des Sees ist möglich, verlängert die Wanderung aber um etwa 20 Min. Hinweistafeln der Parkbehörde untersagen das Baden und Campieren.

Wir folgen jetzt der rot-weißen Markierung des GR 20 auf die Bocca a Reta hinauf. Der Weg führt in Serpentinen durch Erlengebüsch, mit herrlichen Blicken zurück auf den See und hinüber auf die nördlichen Gipfel: das Capu Tafunatu (mit dem Felsenloch), die Paglia Orba (daneben), das Cinto-Massiv (weiter rechts). Über Matten erreichen wir die Passhöhe **Bocca a Reta**, die eine neue Aussicht eröffnet (3 Std.): nach Süden in das karge Liamone-Tal, nach Westen zum Col de Vergio. Der sanfte Abstieg erfolgt nun über einen schönen Gratweg, der uns den Valdu Niellu-Forst von oben zeigt. 30 Min. hinter der Bocca a Reta steigen wir – über der Bergerie de Custole – in Kehren ein Stück hinunter, um dann wieder auf den Grat zurückzukehren. Wenn wir, rechts vorbei an einer Wetterbuche (mit Steinbänken), auf die Hochspannungsmasten zusteuern, kommen wir direkt zum **Col de Saint-Pierre** (4.15 Std.).

Neben dem Bildstock zeigt ein Schild geradeaus nach Evisa. Wir biegen aber nach rechts hinunter ab und

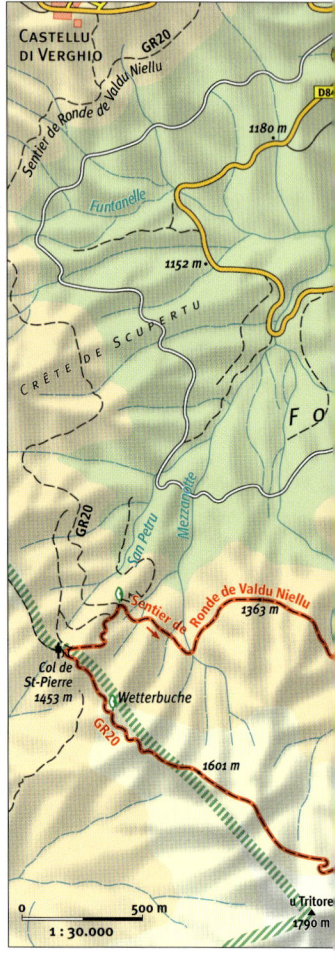

stoßen nach 10 Min. bei einer Buche mit Doppelmarkierung (rot-weiß-rot-weiß) auf einen Querweg. Es ist dies der »Sentier de Ronde de Valdu Niellu«, der auf gleich bleibender Höhe (etwa 1350 m) den Forst umrundet. Ihm folgen wir nach rechts, den GR 20 verlassend.

Es geht zunächst ohne Markierung durch Buchen-, Kiefern- und Birkenbestände, bis wir – knapp 30 Min.

nach der Abzweigung – an einem kurzen Forststraßenstück rote Ringe an den Bäumen sehen. Wenn wir 5 Min. später einen erlenbestandenen Bach überquert haben, gelangen wir in einen märchenhaften Bergwald von knorrig-mehrstämmigen, flechtenbewachsenen Birken, bis die Lariciokiefern mit prächtigen, zum Teil umgestürzten Exemplaren die Oberhand gewinnen. Eine hellblaue Markierung kommt hinzu, und wir ahnen links unten bereits den Rückweg im Colga-Tal. Doch wir bleiben noch ein gutes Stück auf der gleichen Höhe, wo wir mit dem »Sentier de Ronde« nach Süden schwenken. Schließlich stoßen wir auf den gelb markierten Weg, den wir am Vormittag hochgestiegen sind. Hier geht es nach links in 50 Min. zum Parkplatz am **Forsthaus Poppaghia** zurück (6.30 Std.).

Zu Korsikas höchsten Dörfern

Rundwanderung bei Albertacce

Die Bergdörfer Calasima und Poggio di Lozzi liegen an der 1000-m-Grenze. Auf dem Hinweg fasziniert der prächtige Kegel der Paglia Orba, auf dem Rückweg bieten sich großartige Blicke auf das Niolu-Becken mit dem Stausee von Calacuccia.

DIE WANDERUNG IN KÜRZE		
++ Anspruch	**Charakter:** Bis Calasima guter Waldweg, danach schattenloser, stellenweise von Macchia überwucherter Pfad	**Unterkunft:** Ein preisgünstiges und stimmungsvolles Quartier mit Doppel- und Mehrbettzimmern ist das Couvent St-François (Tel. 04 95 48 00 11) 1,5 km östlich von Albertacce.
5.30 Std. Gehzeit	**Ausrüstung:** Trinkwasser	
	Wanderkarte: IGN 4250 OT, Corte Monte Cinto	
12 km Länge	**Einkehrmöglichkeiten:** Bar in Calasima, Bars und Restaurants in Albertacce	**Anfahrt:** Mit dem **Auto** von Corte oder Porto über die Passstraße D 84 nach Albertacce

An der westlichen Ortsausfahrt von **Albertacce** steht ein Holzkreuz. Schilder (»Sentiers du Niolo«, »2h30 Calasima«) zeigen den orange markierten Weg an, der hinter den Treppen an verwilderten Gärten vorbei eine Steinmauer entlang führt und – über ein Rinnsal hinweg – die eindrucksvollen Felsblöcke des Abri Albertini passiert. Die prähistorische Fundstätte dient heute teilweise als Viehpferch.

Es geht dann durch Macchia parallel zur Passstraße sanft bergan, so dass wir zurückblickend hinter dem Dorf den Stausee von Calacuccia liegen sehen. Nach 15 Min. schwenken wir nach rechts in das Viru-Tal hinein. Jetzt erheben sich vor uns die Gipfel des Monte Albanu (rechts, 2018 m) und der Paglia Orba (links, 2525 m), die mit ihrem 1000-m-Abbruch ins Tal von dieser Seite aus dem Matterhorn ähnelt. Den von Erlen, Eichen, Nussbäumen und Kiefern beschatteten Viru-Bach queren wir über eine alte Brücke, die zu einer malerisch gele-

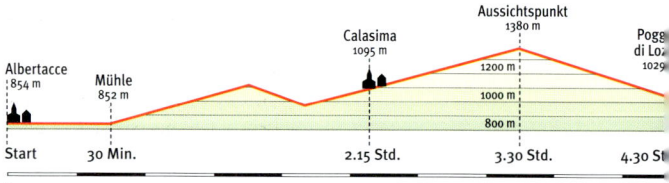

genen **Mühle** hinüberführt (30 Min.). Anschließend schlängelt sich der Weg höher, zuerst durch Macchia, dann durch einen Kastanienhain. Auf der anderen Talseite sehen wir an der Flanke eines Schuttberges die Straße nach Calasima. Unser Weg führt nun, durch eine Kuppe (Capizzolu) von der Bachschleife getrennt, ziemlich eben durch lichten Mischwald. Wenig später befinden wir uns wieder über dem Tal und sehen auch schon Calasima durch die Bäume spitzeln. Die Mühle liegt nun schon gut 30 Min. zurück, wir müssen noch 15 Min. durch den Kiefernwald hochsteigen, bis wir zu einer beschilderten Gabelung (»Col de Verghio« links, »Calasima« rechts) kommen.

Hier zweigen wir rechts ab hinunter zum Viru, den wir – über idyllisch schimmernden Gumpen – diesmal auf einem Eisensteg überqueren. Auf der anderen Seite geht es nach steilem Anstieg rechts zuerst durch die Macchia, dann, hinter dem Seitenzufluss, im Halbschatten der Kastanien zwischen Mauerresten und Felsblöcken aufwärts. Die letzte, morastige Strecke führt dann am offenen Hang zur Ortschaft hoch. Wir durchqueren **Calasima** (2.15 Std.) und erreichen, am Friedhof vorbei, die Brücke, an der unser Wanderweg seinen Fortgang nimmt.

Auf dem Hinweisschild steht »Lozzi 2h30«. Wir öffnen das Gatter und steigen, der orangefarbenen Markierung folgend, auf der rechten Seite der Mauer hoch. An Felskolossen vorbei blicken wir hinunter auf das höchstgelegene Dorf Korsikas. Nach 20 Min. liegt die Mauer hinter uns, und wir steuern auf einen Sattel zu. Er führt uns nördlich über den Schuttberg Capigliolu a e Furchelle, an dessen Südflanke sich die Straße herumwindet. Da der Höhenweg immer wieder von der Macchia überwuchert wird und sich zudem in parallele Varianten auffächert, dürfen wir jetzt die Markierungspunkte nicht mehr aus dem Auge verlieren. Es empfiehlt sich, vorausschauend zu gehen und die orangenen Farbtupfer auf 5–20 m Entfernung zu orten.

Auf ein verfallendes Steinmäuerchen zu wandern wir gut 30 Min. in das raue Fiuminasca-Hochtal hinein, bis uns ein Zaun zur Änderung der Richtung zwingt. Dann schwenken wir nach rechts, um – auf wieder gut sichtbarem Pfad – eine Rinderweide zu überqueren. Bald bietet sich eine prächtige **Aussicht** auf den Calacuccia-See, der – rings von Bergen umschlossen – das Niolu-Becken ziert. Man erkennt rechts am Westufer Albertacce, links auf der Ostseite Calacuccia, darüber Lozzi (3.30 Std.).

In östlicher Richtung gehen wir nun den macchiabewachsenen Hang hinab. Der Pfad wird zu einer Art Hohlweg, der, von Steinmauern gesäumt, bald auf einen breiteren Wirtschaftsweg stößt. Wir folgen hier nicht länger dem immer struppiger werdenden Wanderpfad, sondern biegen rechts auf den Feldweg ab, der uns in einer großen Schleife bequem zum Kastanienhain hinunterführt. Terrassierte Areale erinnern hier an längst aufgegebene Kulturen. Wir sehen den markierten Wanderpfad von links aus dem Wäldchen kommen und gehen in bequemen Kehren hinunter nach **Poggio di Lozzi** (4.30 Std.).

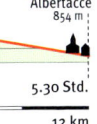

Albertacce
854 m

5.30 Std.

12 km

Im Weiler folgen wir der Straße nach Albertacce (D 518), die wir nach gut 15 Min. wieder verlassen. Ein kleines Schild weist links hinunter auf einen teilweise steinigen Pfad, der unterhalb eines eingefriedeten Grundstücks mit einem Steinhaus nach rechts schwenkt und dann direkt zum östlichen Ortseingang von **Albertacce** hinabführt. Um zum Ausgangspunkt unserer Wanderung zurückzukehren, müssen wir den Ort von Ost nach West durchqueren (5.30 Std.).

Sentier archéologique

Eine Natursteinhöhle am Ostrand Albertacces (Abri Albertini) ist mit ihren Fundstücken der Beweis dafür, dass schon im 6. Jt. v. Chr. Steinzeitmenschen den Golo hinaufgezogen

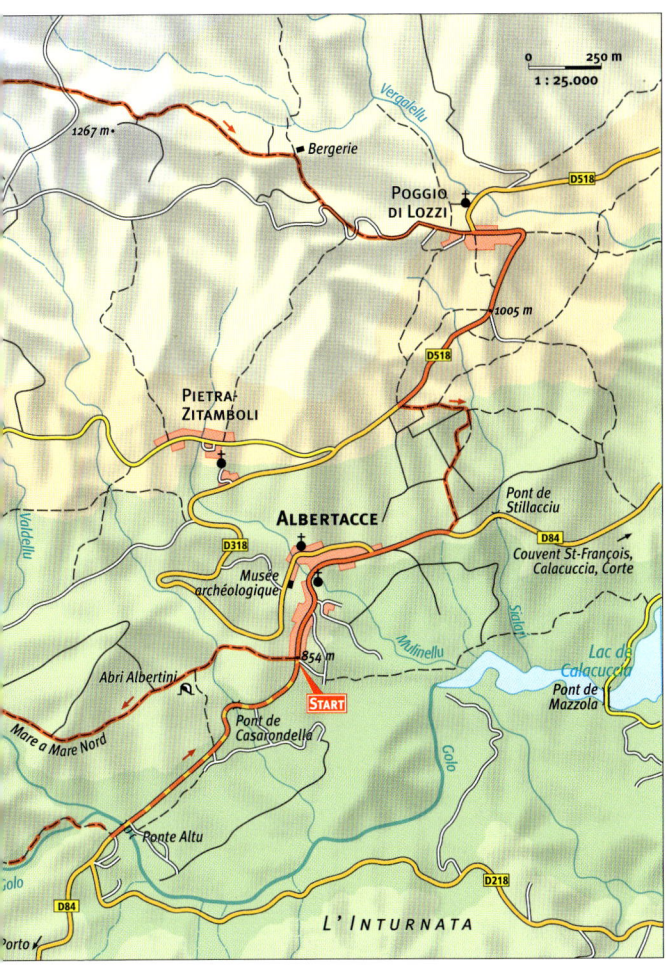

sind, als vermutlich an den Küsten neue Volksgruppen auftauchten. War zunächst die isolierte Lage des schwer zugänglichen Bergkessels Schutz genug, so entstanden mit der Bevölkerungszunahme im 4.–2. Jt. v. Chr. auf geeigneten Hügeln auch Befestigungsanlagen (Marze, Castelle, Capu di u Castellu). Aus der gleichen Zeit datieren Menhir-SInternet-Adressentatuen (Ponte Altu), ein

Steinkistengrab (Sovezzia) und Dolmen (Casamacioli, zwischen Kloster St-François und Friedhof vor Calacuccia), die das Vordringen der Megalithkultur in die nördlichen Bergregionen belegen. Einige der Fundstätten liegen auf dem neu angelegten »Circuit archéologique«, der mit unserer Wanderung beginnt und bei der Mühle südwärts ins Golo-Tal abschwenkt.

Hoch über der Castagniccia

Auf den Aussichtsgipfel des Monte San Petrone

Über den Kastanienwäldern der Castagniccia erhebt sich der Monte San Petrone, von dem man über Korsikas zentrale Gebirgskette und bis nach Italien blicken kann. Der Weg führt bis knapp unter dem Gipfel durch schattigen Buchenwald.

DIE WANDERUNG IN KÜRZE

++
Anspruch

Charakter: Zunächst breite Piste, dann federnder Waldweg, erst am Schluss folgt eine felsige Passage. Fast 800 Höhenmeter in stetigem, gut zu bewältigendem Anstieg bzw. Abstieg

4.30 Std.
Gehzeit

Ausrüstung: Proviant, Trinkwasser

13 km
Länge

Wanderkarte: IGN 4349 OT, Vescovato, Castagniccia

800 m
An-/Abstieg

Einkehrmöglichkeit: Snack-Bar auf dem Col de Prato am Start

Anfahrt: Mit dem **Auto** von Ponte Leccia auf der D 71 nach Morosaglia und weiter zum Col de Prato

Hinweis: Unterhalb des Monte San Petrone liegt an der D 71 Richtung Piedicroce die sehenswerte Klosterruine von Orezza

Am **Col de Prato** stellen wir unser Fahrzeug vor einem als Bar fungierenden Holzbau ab. Ein Schild »San Petrone« markiert den Beginn des Wanderwegs. Er ist eine Piste, auf der die Schweinezüchter mit ihren Geländewagen auf- und abfahren.

Wir treffen ihre Tiere unterwegs, wenn wir zunächst einen Koben passieren. Später stoßen wir immer wieder auf große Schweinefamilien, die es sich außerhalb der Pferche im Wald gut gehen lassen.

Wir gehen in südlicher Richtung

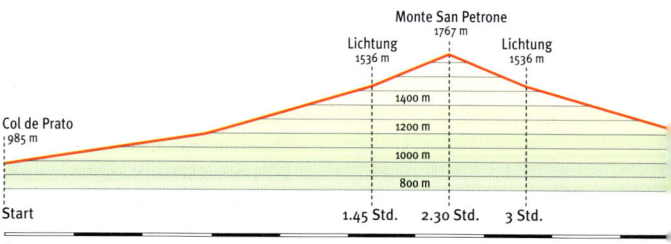

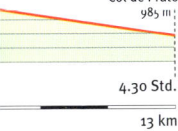

Buchenwald am Monte San Petrone

und bleiben auf dem mittleren Hauptweg, wenn nach 20 Min. links und rechts Seitenwege abzweigen. Mit Eintritt in den Buchenwald begleiten uns gelbe Markierungsringe. Trotzdem müssen wir gut 30 Min. nach Beginn der Wanderung bei der

Gabelung aufpassen. Wir nehmen hier rechter Hand die untere Forststraße und sehen uns sogleich durch die Auschrift auf einem Anhängerwrack (»Monte Petrone«) in der eingeschlagenen Richtung bestätigt. Die breite Piste verlassen wir erst 15 Min. später, wenn uns ein Blechschild nach links auf einen nun steiler ansteigenden Pfad weist. Die gelben Streifen werden jetzt von roten Punkten und Steinmännchen abgelöst.

Von dem mit Schwarzkiefern bestandenen Höhenrücken blicken wir westwärts auf die Gemeinde Gavignano mit ihren zahlreichen Weilern. Die beherrschende Baumart bleibt

Col de Prato
985 m

4.30 Std.

13 km

freilich die Buche, die jetzt nicht mehr in der anfangs auffällig niedrigen Krüppelform, sondern in hochwüchsiger, mitteleuropäisch anmutender Gestalt vorkommt. Der angenehm federnde, sehr gemächlich ansteigende Waldweg führt schließlich an tafonierten Schieferblöcken (links) und einer Quelle (Funtana di e Teghie) vorbei aus dem Wald heraus zu einer **Lichtung** (1.45 Std.), auf der oft Kühe weiden. Hier schwenken wir nach links durch Nieswurz und Wacholder, wobei wir rechter Hand über die südlichen Berge und geradeaus auf den felsigen Gipfel des Monte San Petrone blicken. So beachten wir gar nicht den Weg, der rechts von Campodonico hochkommt.

Noch einmal tauchen wir in dichten Buchenwald, um die letzten 200 m in steileren Kehren hochzusteigen. Bald erreichen wir eine zweite, kleinere Lichtung, die wir erneut nach links verlassen, um auch noch die letzten Meter im Schatten der Buchen zu überwinden. Vom Gipfel des **Monte San Petrone** (2.30 Std.) blicken wir hinunter auf die kastanieengrüne Castagniccia mit ihren zahlreichen, versprengten Ortschaften, die meist auf Bergvorsprüngen sitzen. Bei guten Sichtverhältnissen kann man vom Monte Padru (2390 m) im Nordwesten über die Zentralkette südwärts bis zum Monte Incudine (2134 m) schauen und weit über dem Meer die toskanische Küste mit ihren vorgelagerten Inseln erkennen.

Auf demselben Weg geht es wieder zurück, zuerst in 30 Min. zur unteren Lichtung, dann in 45 Min. zur ›Schweinepiste‹, auf der wir schließlich in noch einmal 45 Min. den **Col de Prato** erreichen (4.30 Std.)

Der Stadt den Rücken kehren

Von Corte in die Tavignano-Schlucht

Aus der Altstadt von Corte führt ein alter Verbindungsweg der Hirten direkt in das einsame Tal. Die Wanderung, leicht und nicht zu verfehlen, führt zum Teil spektakulär den Bergbach hoch und endet unter einer Hängebrücke bei schönen Badegumpen.

DIE WANDERUNG IN KÜRZE

++
Anspruch

3.45 Std.
Gehzeit

12 km
Länge

Charakter: Höhenweg, teilweise Steinstufen und Felsplatten. In der Schlucht sind Trittsicherheit und Schwindelfreiheit erforderlich. Unterwegs gibt es kaum Schatten.

Ausrüstung: Trinkwasser, Badezeug

Wanderkarte: IGN 4250 OT, Corte, Monte Cinto

Einkehrmöglichkeiten: Bars und Restaurants in Corte

Anfahrt: Mit dem **Auto** am nördlichen Ortseingang von Corte rechts die Rue Colonel Ferucci hoch und dann im spitzen Winkel nach rechts auf der Rue Saint-Joseph zum Parkplatz. Mit der **Bahn** von Bastia oder Ajaccio nach Corte und vom Bahnhof zu Fuß in die Innenstadt, wo vom Cours Paoli (Hauptgeschäftsstraße) die Rampentreppe Sainte-Croix in die Rue Saint-Joseph hochführt (20 Min.). **Busverbindungen** von Ajaccio, Bastia und Aléria.

Vom **Parkplatz** hinter der **Zitadelle** folgen wir der Rue Saint-Joseph noch ein paar Schritte. Bevor sie nach links abbiegt, zweigt rechts unser Wanderweg ab. Er ist beschildert (»Refuge A Sega«) und orange markiert und führt – unverfehlbar – immer auf der orographisch linken Seite den Tavignano entlang. Vorbei an Hühnerställen, geht es kurz steil über Platten hoch, dann allmählich ansteigend ins Tal hinein. Wenn wir uns umblicken, sehen wir die imponierende Anlage der Zitadelle. Vor uns schieben sich links und rechts die Felsreihen zur Schlucht zusammen.

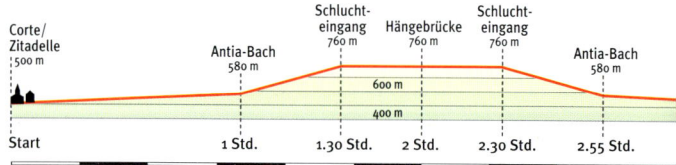

Corte/Zitadelle 500 m — Start

Antia-Bach 580 m — 1 Std.

Schluchteingang 760 m — 1.30 Std.

Hängebrücke 760 m — 2 Std.

Schluchteingang 760 m — 2.30 Std.

Antia-Bach 580 m — 2.55 Std.

600 m
400 m

Auf dem Weg in die Tavignano-Schlucht

Corte/
Zitadelle
500 m

3.45 Std.

12 km

Von einer alten Steinmauer sowie Öl-
und Feigenbäumen, Brombeer- und
Schlehenhecken gesäumt, führt der
Weg durch kräftig duftende Macchia.

Nach 30 Min. sehen wir links Terrassen, während wir rechts oben im
Seitental über dem Ficaghiola-Bach
eine Bergerie erkennen. Wir folgen

85

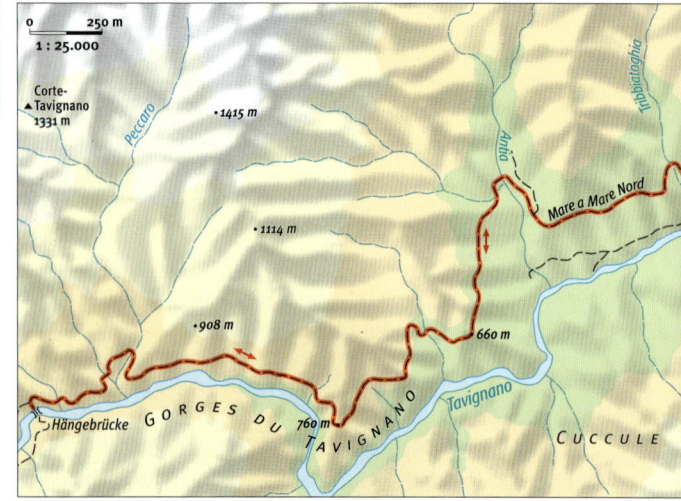

der Markierung und bleiben etwa 50 m oberhalb des Tavignano, während ein Pfad links abzweigend zu den Gumpen hinabführt. So kommen wir nach weiteren 30 Min. am **Antia-Zu-fluss** zu einer Quelle, die neben einer Steinhütte zu einer kurzen Rast einlädt (1 Std.). Nach der schattigen Stelle biegt der Weg durch prächtige Wacholderbüsche noch einmal in ein Seitental ein, um sich dann in Kehren zu einem Felsvorsprung hochzuschrauben, der den **Eingang der Schlucht** markiert (1.30 Std.). Wir befinden uns unterhalb der Punta Finosa und steigen dort, wo der Tavignano eine Schleife dreht, dicht an Wänden und Felstürmen vorbei.

Die Quelle liegt nun gut 30 Min. zurück, und der Weg macht einen

Die Zitadelle von Corte

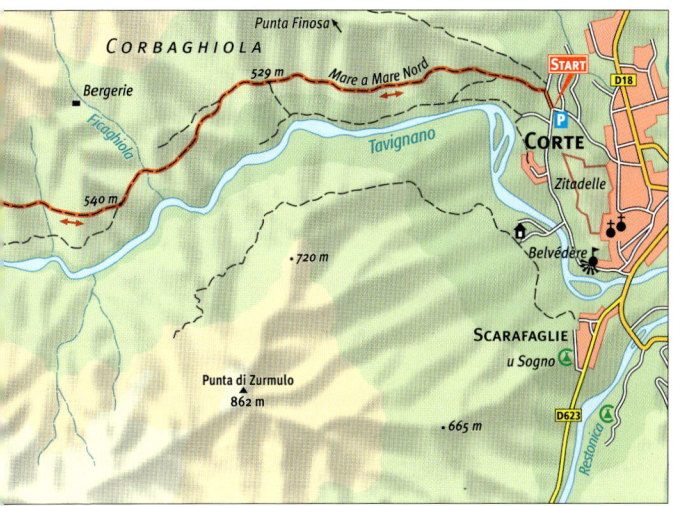

Die Zitadelle von Corte

Rechtsschwenk. Wir blicken links in die Klamm hinein und sehen tief unten grün schillernde Gumpen. Von dem schön gepflasterten Felsplattenweg bieten sich immer wieder spektakuläre Aussichten. Wir brauchen jetzt noch 30 Min., bis wir, vorbei an einem gemauerten Rondell mit Kastanie, die **Hängebrücke** erreichen, die uns schließlich über den Fluss führt. Auf der anderen Seite sind wir gleich an ›unserem‹ Badeplatz, den wir an heißen Sommertagen freilich mit anderen Wanderern teilen müssen.

Es geht dann in weniger als 2 Std. auf demselben Weg wieder zurück. Die letzte Strecke ist besonders schön, da wir nun die Zitadelle vor uns haben. In Corte angelangt, bietet sich noch ein kleiner Stadtrundgang an, denn von der Rue Saint-Joseph sind es nur wenige Minuten bis zur Place Gaffori. Wir können vor dem Geburtshaus des Freiheitshelden einen Kaffee bestellen und anschließend durch die verwinkelten Gassen der Altstadt spazieren.

Die »Akropolis von Korsika« (Gregorovius) steht beinahe frei über dem Zusammenfluss von Restonica und Tavignano. Kernstück der Festungsanlage ist die 1420 auf dem 111 m hohen Stadtfelsen erbaute Burg. Lange Symbol des korsischen Widerstands, fiel die Zitadelle erst an die Genueser, dann an die Franzosen. Von 1962 bis 1983 waren die Fremdenlegionäre in der Zitadelle stationiert, was die Bewohner der heimlichen Kapitale als besonders schmerzlich empfanden. Unter Pasquale Paoli, dem ›General der Nation‹ und Begründer der hiesigen Universität, war Corte 14 Jahre lang (1755–69) Hauptstadt eines unabhängigen Korsika. Nur der älteste und höchstgelegene Teil der Festung, die Burg, ist erhalten und wurde ab 1987 restauriert. Die beste Aussicht auf die Stadt und die umgebenden Täler hat man von der Aussichtskanzel der Burg, direkt über der vorgelagerten Spitze »Belvédère«.

87

Unter dem Inseldach

Zum Melo- und Capitello-See

Unter den steil aufragenden Zinnen des Hauptgebirgskamms liegen in wilder Karlandschaft zwei Hochgebirgsseen. Während der Melo-See vor seinen Sumpfwiesen fast lieblich anmutet, bietet der darüber gelegene Capitello-See eine dramatische Felsenkulisse.

DIE WANDERUNG IN KÜRZE		
+++ Anspruch	**Charakter:** Hochgebirgstour über Schotter, Fels- und Wiesengelände. Ungefährliche Kletterstellen (Seilsicherung) unterhalb des Melo-Sees und auf dem Grat. Dort ist Trittsicherheit erforderlich. Bei nassem Wetter und in Schneefeldern besteht Rutschgefahr!	**Einkehrmöglichkeit:** Bergerie de Grottelle (Bar U Stazzu)
5 Std. Gehzeit		**Anfahrt:** Mit dem **Auto** von Corte auf der D 623 bis zur Bergerie de Grottelle (Terminus)
8 km Länge		**Hinweis:** Im Hochsommer (Hauptsaison) ist der Parkplatz schnell überfüllt. Daher nicht erst am späten Vormittag losfahren.
	Ausrüstung: Proviant, Badezeug	
700 m An-/Abstieg	**Wanderkarte:** IGN 4251 OT, Monte d'Oro, Monte Rotondo	

Die lange, kurvenreiche und zunehmend schmalere Bergstraße (D 623) führt – mal rechts, mal links vom Restonica-Bach – das Trogtal hoch, um jenseits der Baumgrenze bei der **Bergerie de Grottelle** zu enden. Dort nimmt ein riesiger, trotzdem oft überfüllter Parkplatz unseren Wagen auf. Oberhalb der Snack-Bar beginnt der gelb markierte Wanderweg, der rechts von der Restonica in den Talschluss hineinführt. Vorbei an den letzten Kiefern, folgen wir dem von Erlengebüsch durchwachsenen Bach-

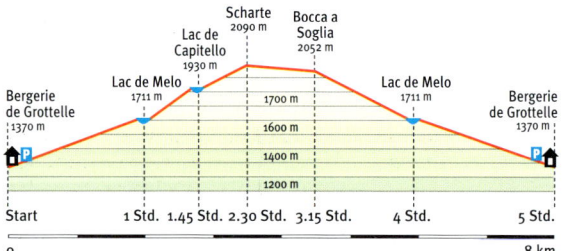

bett sanft nach oben auf einen mächtigen Fünfzack zu. Es ist der Lombarduccio, der – vis-à-vis vom Rotondo-Massiv (2622 m) – die rechter Hand aufsteigende Kette des Capu a u Chiostru abschließt.

Nach 20 Min. erreichen wir, hinter einem Seitenzufluss, die frühere Melo-Bergerie, wo in der Hochsaison Käse verkauft wird. Kurz danach gabelt sich der Weg: Links zwängt sich der »Accès facile« (leichte Variante) auf

steinigem Untergrund durch dichtes Erlengestrüpp; rechts führt der »Accès difficile« (schwierigere Variante) auf glattem Fels auf eine Steilstufe zu, die – dank einer im Stein verankerten Kette – problemlos zu überwinden ist. Wir empfehlen für den Aufstieg die bequemere »schwierige« Variante, von der nur bei nassem Wetter (Rutschgefahr!) abzuraten ist. Die »leichte«, aber ermüdende Schotterstrecke auf der anderen Bachseite

89

Am Lac de Melo

sparen wir uns für den Rückweg auf. So geht es unterhalb von Ebereschen rechts hinauf über die vom Gletscher glatt geschliffenen Felsplatten. Wenn wir – 20 Min. nach der Gabelung – die Seilsicherung erreicht haben, sind es gerade noch 10 Min. bis zum See.

Der **Lac de Melo** liegt in einem weiten Hochgebirgskessel (1 Std.). Nach Nordosten zu durch einen Felsriegel vom Tal abgesperrt, geht er auf seiner Westseite in *pozzines*, flache Sumpfwiesen, über, die von zahlreichen Bachläufen durchflossen werden: ein beliebter, an Sommerwochenenden dicht bevölkerter Picknickplatz. Wir gehen das Nordufer entlang und halten uns rechts.

An der Steinhütte der Naturparkverwaltung zweigt der gelb markierte Pfad zum nächsten See ab. Wir überschreiten den Bach, um zwischen der Felswand rechter Hand und dem erlengesäumten Wasserlauf linker Hand steil nach oben zu steigen. Zwei kleine Kletterpassagen bringen uns dann über einen Absatz, hinter dem der **Lac de Capitello** verborgen liegt (1.45 Std.). Wir blicken hier geradewegs auf die Steilwand des Hauptgebirgskamms (Punta alle Porte 2313 m) und sehen, wenn wir uns umdrehen, den Melo-See unter uns liegen.

Vom Capitello-See führt der gelb markierte Weg südwärts weiter in ein Kar hinein. Manchmal liegt hier selbst noch im Sommer ein beachtlich großes Schneefeld. Ein Markierungspfeil zeigt an, dass wir auf einem Zubringer zum GR 20 sind. Er steigt steil eine Rinne hoch und erreicht oben an der **Scharte** (2.30 Std.) den rot-weiß markierten Weitwanderweg, der auf dem Hauptgebirgskamm von Nordwesten nach Südosten führt. Wir fol-

gen ihm hier auf einer seiner schönsten Passagen ein kurzes Stück. Links abzweigend geht es in ungefährlicher, amüsanter Kletterei mit großartigen Ausblicken auf den Melo-See links und das Fiume-Grosso-Tal rechts den Grat entlang, bis wir 45 Min. hinter der Scharte einen Pass erreichen.

Fünf Pfade treffen an dieser Hochgebirgskreuzung zusammen. Wir

stoßen hier, an der **Bocca a Soglia** (3.15 Std.), wieder auf eine gelbe Markierung, ergänzt um die Inschrift »Melo«. Sie weist uns auf unseren Weg, der nun über schöne Matten und blank gescheuerte Felsplatten zum unteren Gletschersee hinunterführt. Der Abstieg dauert gut 45 Min. Wir brauchen dann nur noch 5 Min. bis zum Ostufer des Lac de Melo, wo es jenseits der aus dem See ab-

fließenden Restonica den bereits erwähnten »leichten« Weg hinuntergeht. Er führt am orographisch rechten Ufer durch Erlengebüsch über loses Gestein (im Frühjahr über ein Schneefeld) zur Gabelung hinab, vor der wir den Bach erneut überqueren (Vorsicht bei Hochwasser!). Vom Ostufer bis zum Parkplatz an der **Bergerie de Grotelle** müssen wir eine knappe Stunde rechnen (5 Std.).

Der Kieselbrunnen von Noceta

Auf einsamen Pfaden von Venaco nach Vivario

Venaco und Vivario liegen unterhalb der zentralen Gebirgskette an der Bahnlinie Bastia–Ajaccio. Unterhalb der beiden Balkondörfer führt der Weg in großem Bogen durch die Macchia. Auf der einsamen Strecke liegt das abgelegene Dorf Noceta.

DIE WANDERUNG IN KÜRZE

+++
Anspruch

5.45 Std.
Gehzeit

15 km
Länge

Charakter: Meist schattenlose Streckenwanderung über zum Teil überwucherte Pfade. Besonders empfehlenswert im Frühjahr, wenn die Macchia blüht. Für ausdauernde Wanderer mit gutem Orientierungssinn.

Ausrüstung: Badezeug, Trinkwasser, Proviant

Wanderkarte: IGN 4251 OT, Monte d'Oro, Monte Rotondo

Einkehrmöglichkeiten: Bars und Restaurants in Venaco und Vivario

Anfahrt: Mit dem **Auto** oder der **Bahn** nach Venaco. Falls kein zweites Fahrzeug zur Verfügung steht, ist die **Rückfahrt** nur mit der Bahn ab Vivario möglich. Es empfiehlt sich, am Startpunkt im Bahnhof von Venaco den Fahrplan zu konsultieren. Auskunft auch unter Tel. 04 95 23 11 03

Hinter dem **Bahnhof** von **Venaco** führt das Sträßchen in einer S-Kurve unterhalb der Kirche herum. 5 Min. nach dem Start nehmen wir die erste Abzweigung links, die in den unteren Ortsteil führt. Wir überqueren den Platz Ste-Cathérine, sehen die Bahnlinie unter uns verschwinden und kommen geradeaus durch eine Gas-

se, an deren Ende wir den Ort links ab über eine Betonpiste verlassen. Sie senkt sich zur D 43 hinunter, der wir nur wenige Schritte folgen, bis wir rechter Hand ein ummauertes Grabmal und daneben die Holztafel sehen, die gut sichtbar unsere Route (»Pont de Noceta« und »Noceta«) anzeigt. Aber Vorsicht: Der Wander-

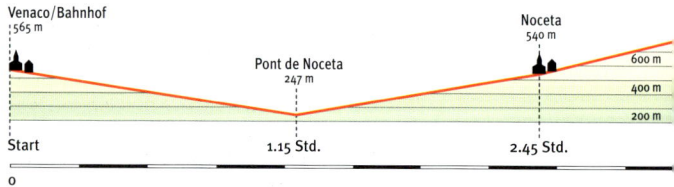

Venaco/Bahnhof
565 m

Pont de Noceta
247 m

Noceta
540 m

600 m
400 m
200 m

Start

1.15 Std.

2.45 Std.

weg unmittelbar rechts vom Schild abwärts ist leicht zu übersehen, während eine kaum empfehlenswerte Abkürzung einige Meter weiter rechts, zwischen Kreuz und Grabmal, sich auf den ersten Blick einladender ausnimmt.

Der richtige Pfad führt zielstrebig zum Piobico-Bach hinunter und – nach dessen Überquerung – unterhalb der Straße bequem abwärts nach Süden. Überwucherte Mäuerchen, verwilderte Terrassen, verwaiste Steinhäuser erinnern an eine aufgegebene Siedlung. Heute versinken die Ruinen in der dichten Vegetation von Flaumeichen, Esskastanien, Ölbäumen, Kiefern, Baumheide, Schlehen, Erdbeerbäumen, Hagebutten, Brombeeren und Zistrosen, die über dem natürlich bewässerten Terrain reichlich Schatten spendet.

Immer den orangefarbenen Punkten nach, wechseln wir nach knapp 1 Std. in die niedrige Macchia, die uns – auch unter hohen Pinien – der Sonne preisgibt. Wenn wir uns umdrehen, sehen wir hoch über Venaco das wuchtige Felsmassiv des Monte Cardo. Vor uns liegen die sanften Hügel des Venachese, je nach der jahreszeitlichen Färbung der Macchia grün, rötlich oder braun. Bald beginnt es kräftig zu rauschen, denn der Weg erreicht jetzt den Vecchiu-Fluss, der vor uns eine mächtige Schleife dreht. Wir begleiten ihn etwa 10 Min. lang, bis wir über prächti-

Der Kieselbrunnen von Noceta

gen Gumpen (Bademöglichkeit!) den **Pont de Noceta** überqueren (1.15 Std.).

Wenn wir der Straße nach Noceta (D 43) um die Kurve folgen, sehen wir auf der linken Seite ein Gatter. Hier – gegenüber dem Holzschild des »Parc Régional« – biegen wir in den Feldweg ein, der sanft ansteigend durch einen Pinienhain führt. In der Ferne erblicken wir erstmals Noceta auf einem der zahlreichen, übereinander gestaffelten Höhenrücken. Nach einem zweiten Gatter erreichen wir den plätschernden Cardiglione, den wir jedoch nicht überqueren, sondern daran rechts abzweigend hochgehen (Wegweiser »Noceta. Rospigliani«).

Der romantische Pfad führt, im Schatten der Buchen, zwischen dem ausgewaschenen Bachbett und einem überwucherten Mäuerchen entlang über Weideplätze, auf denen im Frühjahr die Asphodelen blühen. Man sollte die orangefarbene Markierung beachten, da der Pfad den Abstand zum Ufer wechselt und

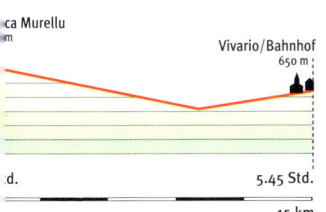

ca Murellu

Vivario/Bahnhof
650 m

d.   5.45 Std.

15 km

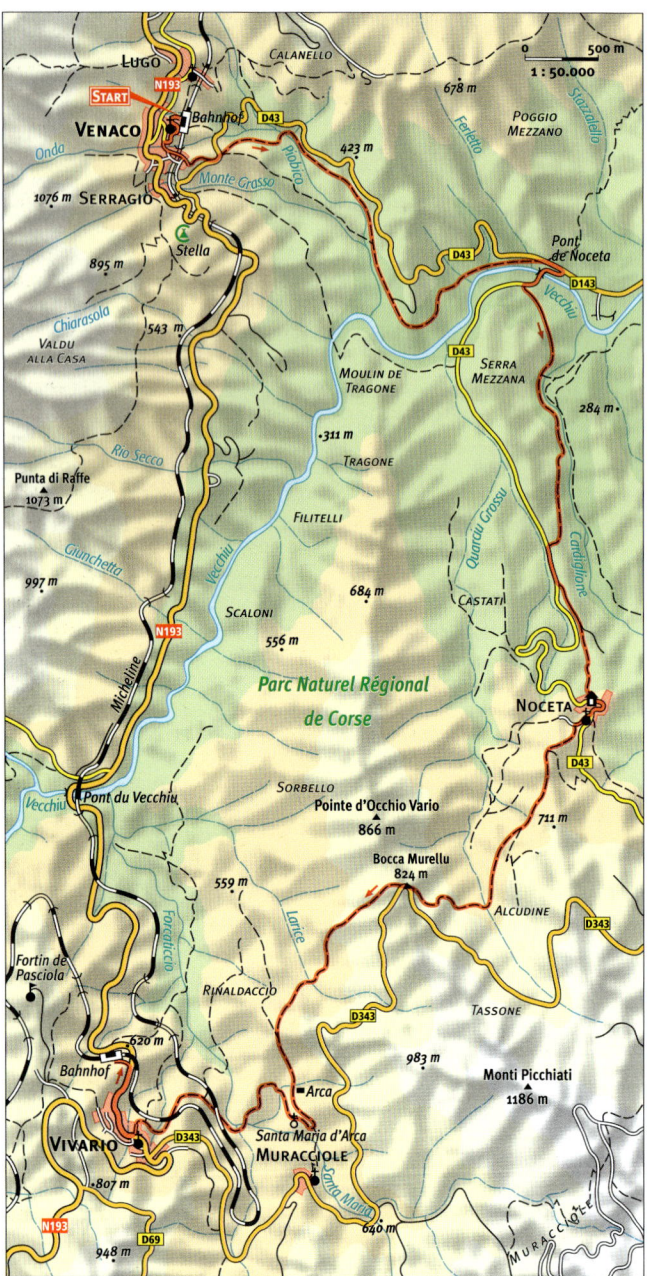

bald, vom Bach wegschwenkend, seitwärts den Höhenzug erklimmt. Der Aufstieg nach Noceta – meist in der blanken Sonne – dauert gut 45 Min. Man tangiert kurz die Straße mit Blick zurück nach Venaco und schneidet sie dann nach links ab, vorbei an Schafställen und durch eine Brombeerschlucht, die manche Dorfbewohner leider als Mülldeponie missbrauchen. Wer den unschönen Hintereingang meiden will, muss die Straßenschleife ins Dorf hochgehen.

Noceta wirkt verlassen (2.45 Std.). Wir folgen der Straße hoch bis zur Kirche, wo wir am Kieselsteinbrunnen rasten und picknicken können. Hier zweigt rechts auch das Sträßchen zum Friedhof ab, das wir bis zur Kurve hochgehen, um links ab durch das Gatter zu gehen. Der Pfad steigt unterhalb der Stromleitung steiler nach oben und mündet, wenn wir auf die Markierungspunkte achten und nach dem zweiten Holzmasten nicht die brüske Rechtswendung verfehlen, auf der Anhöhe in einen breiten Weg, der in südwestlicher Richtung auf den Murellu-Pass zusteuert. Wir sehen die fast 200 m hohe Böschung vor uns und erreichen den Talschluss 45 Min. nach unserem Aufbruch von Noceta. Dort, wo wir den Quarciu-Grossu-Bach sprudeln hören, beginnt der nicht eben steile Aufstieg, der rechts über die Steinmauer immer bessere Ausblicke auf die östlichen Vorberge gestattet. Wir brauchen etwa 30 Min., bis sich oben auf der **Bocca Murellu** (4 Std.) westwärts die großartige Kulisse der Zweitausender, rechts der Monte Cardo, links der Monte d'Oro, auftut.

Die Passstraße lassen wir links ihre Kurve ziehen. Die Fortsetzung unseres Weges finden wir, wenn wir unterhalb, beim Alu-Mast, in der Ferne das Eisenbahnviadukt anpeilen. Der anfangs kaum sichtbare, mit orangefarbenen Punkten markierte Pfad verläuft an einem Steinmäuerchen (rechter Hand) entlang und wird zu einer Art Hohlweg, der zwischen überwucherten Böschungen auf Vivario zuhält. Wir sehen den Ort unterhalb eines lang gestreckten Rückens, auf dem sich nordwärts das Fort erhebt. Nach 15 Min. geht es in Serpentinen abwärts durch die Macchia, bis wir in weiteren 15 Min. eine schattige Oase von Erlen und Esskastanien und kurz darauf einen umfriedeten Eichenhain erreichen.

Wir passieren jetzt **Arca,** einen zerfallenden Weiler, und erblicken hinten, über dem gleichnamigen Wald mit dem pittoresken Schloss, Muracciole, das Nachbardorf von Vivario. Wir lassen es links liegen und biegen – 10 Min. hinter Arca – im spitzen Winkel rechts ab (Wegweiser »Vivario«) auf einen Pfad, der in wenigen Minuten an der Kapelle Santa Maria d'Arca und dann unterhalb des Weilers vorbeiführt.

Hier biegen wir mit der Einfriedung nach rechts ab, um dann hinter der Ruine dem Mäuerchen nach links zu folgen. Der Pfad schwenkt weiter nach Südwesten und verschwindet bei einer Holzhütte halblinks in einem Hohlweg, der uns in vielen Windungen zum Santa-Maria-Bach bringt. Nach Überquerung beider Bacharme geht es stetig hoch, geradeaus über die Bahnlinie, links vorbei an einem Privathaus, dann über den Bahnsteig und am Ende steil hinauf zum Ortseingang. Der Bahnhof liegt freilich auf der anderen Seite, so dass wir bei der Durchquerung von **Vivario** Gelegenheit haben, uns vor dem Brunnen der Diana in einem der Cafés zu erfrischen (5.45 Std.).

Ein Hauch von Belle Epoque

Durch den Buchenwald von Vizzavona

Die Rundwanderung führt unterhalb der Zweitausender den Bergbach hoch zu den Cascades des Anglais und endet, wo sie beginnt, an der Bahnstation von Vizzavona. Die Höhenluft, der Buchenwald, die Gumpen und Wasserfälle sorgen für angenehme Erfrischung.

DIE WANDERUNG IN KÜRZE

++
Anspruch

Charakter: Problemlose Bergwanderung auf schattigen Wegen und Pfaden. Nur wenige steile und grobsteinige Abschnitte.

4.15 Std.
Gehzeit

Ausrüstung: Proviant, Badezeug

10 km
Länge

Wanderkarten: IGN 4251 OT, Monte d'Oro, Monte Rotondo; IGN 4252 OT Monte Renoso, Bastelica

Einkehrmöglichkeiten: Snack-Bars und Hotel-Restaurant Larizzi am Bahnhof, Kioske am Agnone und auf dem Col de Vizzavona, Hotel Monte d'Oro in La Foce

An- und Rückfahrt: Von Ajaccio oder Bastia mit dem Auto über die N 193 oder der Bahn nach Vizzavona

---

Vom **Bahnhof** in **Vizzavona** führt das Asphaltsträßchen vorbei am Hotel Larizzi und höher zur Ruine des Grand-Hotel de la Forêt. Wir passieren die hundertjährigen Waldvillen und stehen nach 10 Min. vor einem Holzschild (»GR 20 Nord«), das uns rechts auf den weiß-rot (und gelb) markierten Weitwanderweg weist, während das Sträßchen geradeaus zur N 193 hinaufführt. Vorbei am Naturfreundehaus (Casa di a natura)

geht es in den hohen Buchenwald hinein den Fulminato-Bach entlang, den wir hinter einem großen Felsblock überqueren.

Gleich nach dem Holzsteg stoßen wir auf einen Querweg, dem wir nach links sanft aufwärts folgen, immer an der Stromleitung entlang. Er mündet bald in eine Forststraße, die von links über eine Brücke kommt, in die wir aber nach rechts einbiegen. Vorbei an einem Wasserreser-

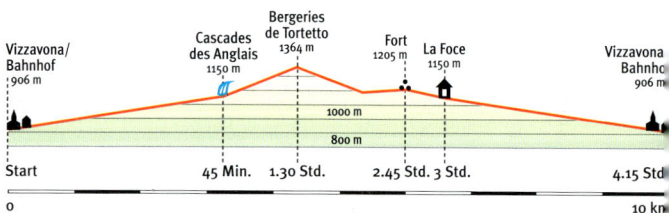

Vizzavona/ Bahnhof 906 m	Cascades des Anglais 1150 m	Bergeries de Tortetto 1364 m	Fort 1205 m	La Foce 1150 m	Vizzavona Bahnhof 906 m
Start	45 Min.	1.30 Std.	2.45 Std. 3 Std.		4.15 Std

0   10 km

Am Bahnhof von Vizzavona steigen die Wanderer ein und aus

voir senkt sich der Fahrweg leicht bergab, um über eine Betonbrücke geradewegs auf den Monte d'Oro zuzuschwenken. An der nächsten, der GR 20-Gabelung, schlagen wir die Nord-Route ein, verlassen freilich die Forststraße 5 Min. später in einer Kurve, um über einen Holzsteg nach links in den Schatten der Buchen abzuzweigen. Wir haben nun unseren Wanderweg erreicht.

Er steigt bequem bergan und verengt sich zum Pfad, sobald er sich dem in ein enges Felsbett eingezwängten Agnone-Bach nähert. Das Gluckern des Wassers hat jetzt die anfangs dominierenden Straßengeräusche endgültig verdrängt. Knapp 45 Min. nach unserem Aufbruch in Vizzavona überqueren wir den Gebirgsbach auf einem Steg, der uns zu einem Erfrischungskiosk

auf das orographisch rechte Ufer hinüberführt.

Wir befinden uns nun unterhalb von La Foce und setzen unsere Wanderung in Richtung Cascades des Anglais (Hinweisschild) fort. Rechter Hand beeindrucken prächtige Gumpen, die sich – mit kleineren Wasserfällen – auch oberhalb der bekannten, im Sommer gerne belagerten **Kaskaden** noch fortsetzen. Wir lassen das beliebte Ausflugsziel hinter uns und steigen steil den kühlenden Buchenwald hoch, zwischen großen Granitblöcken hindurch, vorbei am Nordabfall der Punta alla Corbajola. Hinter einem Gatter geht es kurz bergab, dann weiter nach oben, teils durch Buchenwald, teils über nackten Fels. Bald sehen wir rechts die Zackenkämme des Monte d'Oro und vor uns – weiter zurückgesetzt – die

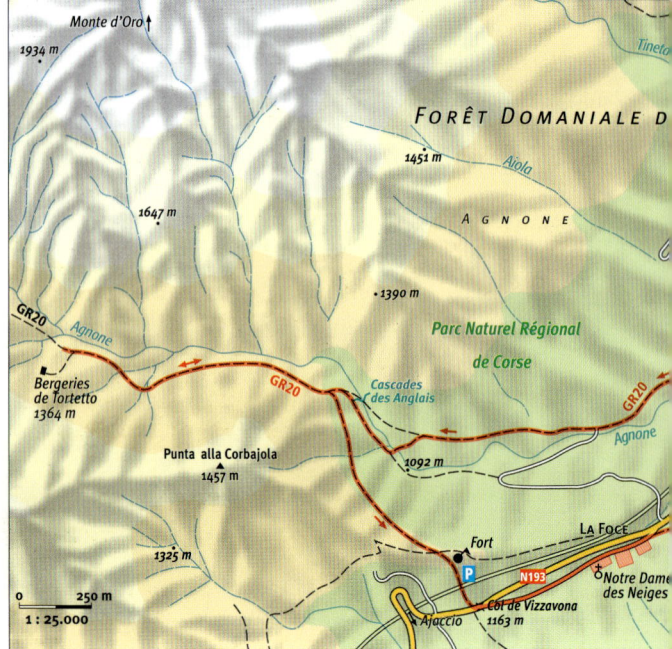

nicht weniger imposant aufragende Punta Migliarello (2254 m).

Der Weg – die weiß-rote Markierung weicht jetzt Steinmännchen – schwenkt zwischen den beiden Massiven in einen Kessel, der hinten von einem 2000 m hohen Sperriegel abgeschlossen ist. Über einen Steg kommen wir in ein von Wacholder, Nieswurz, Farn und Erlenbüschen bestandenes Hochtal, und das Gebimmel des weidenden Viehs kündigt uns die **Bergerien von Tortetto** an (1.30 Std.). Von ihnen sind freilich, über einem Wasserfall, nur noch Mauerreste erkennbar.

Wir kehren hier um und steigen – nicht ohne uns in einer der schönen Gumpen zu erfrischen – zurück zu den **Cascades des Anglais**. Wenn wir sie 1 Std. nach Verlassen der Bergerien unter uns hören, suchen wir das weiße Schild, das – vor aufgetürmten Felsblöcken hoch an einer Buche angebracht – die Abzweigung zum »Col de Vizzavona« anzeigt. Wir halten uns in Schildrichtung halblinks und steigen durch eine Felslandschaft die Moräne hoch. Der Weg bietet schöne Blicke ins Agnone-Vecchiu-Tal und endet nach 15 Min. unvermittelt vor den steil aufragenden Ruinen des **Forts** (2.45 Std.). Wenn wir die genuesische Festung umrunden, kommen wir auf einen Grasplatz mit herrlichem Ausblick auf den Pass und das Gravona-Tal.

Zwischen den Mauerresten hindurch geht es dann hinunter zum Parkplatz, wo eine Snack-Bar und Stände mit korsischen Spezialitäten auf uns warten. Wir halten uns ostwärts und überqueren die Nationalstraße, um nach 100 m parallel zu ihr

rechts eine Schleife über dem Fulmi-nato-Bach und erreichen erst weiter unten beim Parkplatz die Straße, die wir das kurze Stück bis zur besagten Kurve zurückgehen.

Es geht hier rechts hinunter und unter der Stromleitung hindurch, bis wir bei einer Lichtung wieder auf die Forststraße stoßen, die wir vom Hinweg kennen. Wir biegen rechts ab und gehen – nach dem Wasserreservoir – links die Schneise hinunter, die wir nach 5 Min. rechts über den Holzsteg wieder verlassen. So kommen wir schließlich auf das Asphaltsträßchen, das uns in wenigen Minuten zum **Bahnhof** von **Vizzavona** bringt (4.15 Std.).

Trinicellu – Der »Zitternde«

Vizzavona ist der wichtigste Verkehrsübergang auf dem von Nordwest nach Südost verlaufenden Hauptgrat. Die Genueser errichteten auf dem Pass (kors. La Foce) die heute weitgehend zerfallene Festung. Zu einer Ortschaft wurde Vizzavona aber erst mit dem Bau der Eisenbahn, die ab 1889 die Bürger von Ajaccio bequem und schnell in ihre Sommerfrische hochbrachte. Alte Postkarten zeigen den Trinicellu (wörtl. den Zitternden) mit dampfender Lok vor dem zierlichen Bahnhofsgebäude, über dem sich – hinter schmalen Waldvillen – der prunkvolle Kasten des Grand Hotels erhebt. Nicht einmal höhere Beamte konnten sich damals den Luxus (fließend Kalt- und Heißwasser!) eines Vizzavoner Hotelurlaubs leisten. Auch das weiter oben in La Foce gelegene »Monte d'Oro« wurde damals in ein Belle-Epoque-Hotel umgewandelt, nachdem es ursprünglich die Ingenieure der Eisenbahngesellschaft beherbergt hatte.

die alte Chaussee hinunterzuspromenieren. So erreichen wir nach wenigen Minuten den Weiler **La Foce,** wo das Familienhotel (auch Salon de Thé) »Monte d'Oro« zur Kaffeepause einlädt (3 Std.).

Bei der Straßenmeisterei mündet die alte Straße wieder in die N 193. Wir biegen vorher rechts ab und tauchen nach 50 m hinein in den Buchenwald. Der rot und gelb markierte »Sentier de la Femme Perdue« verläuft oberhalb der letzten Häuser. Nach 20 Min. nehmen wir bei der Gabelung den unscheinbaren Weg halblinks hinunter, um auf weichem Waldboden in Serpentinen auf die Haarnadelkurve der Nationalstraße zuzusteuern. Hier müssen wir aufpassen, da beim Ausbau der Kurve die ursprüngliche Wegführung zerstört wurde. Wir drehen daher nach

Viel Himmel, viel Geröll

Auf den Gipfel des Monte Renoso

Von der hoch gelegenen Skistation führt der Weg schnell in wildromantische Hochtäler und Kare. Der Lac de Bastani liegt dunkelgrün
vor den Schneefeldern des Renoso, von dessen Gipfel sich rundum
der Gebirgsaufbau der Insel darbietet.

DIE WANDERUNG IN KÜRZE

++
Anspruch

4.15 Std.
Gehzeit

8 km
Länge

800 m
An-/Abstieg

Charakter: Von den höchsten Gipfeln der Insel ist der
Monte Renoso am ein-
fachsten zu besteigen. Der
viel begangene Bergweg
führt durch Matten und
Schotter. Vorsicht an der
Abbruchkante!

Ausrüstung: Proviant,
Trinkwasser

Wanderkarte: IGN 4252 OT,
Monte Renoso, Bastelica

Einkehrmöglichkeiten:
Snack-Bar U Renosu und

Bar-Restaurant U Fugone
am Ausgangspunkt

Anfahrt: Mit dem **Auto** auf
der D 69 von Ghisoni oder
Col de Verde, nach 6,5
bzw. 10,5 km auf die D 169
zu den Bergeries de Cam-
pannelle abzweigen

Die Tour beginnt bei den knapp 1600
m hoch gelegenen **Capannelle-Ber-
gerien,** wo ein bescheidenes Skige-
biet mit zwei Refuges entstanden ist.
Wir wenden uns am Parkplatz der unteren **Hütte U Fugone** in Richtung
Skilift. Ein Schild weist uns auf den

Weg rechts zum »Lac de Bastani/
Monte Renoso«, während links der
GR 20 zur »Bocca di Verdi« führt. Es
geht einen steinigen Hang hinauf,
und wir sehen gleich das neue Refuge oberhalb des alten, ebenfalls
mit Parkplatz. Die Serpentinen füh-

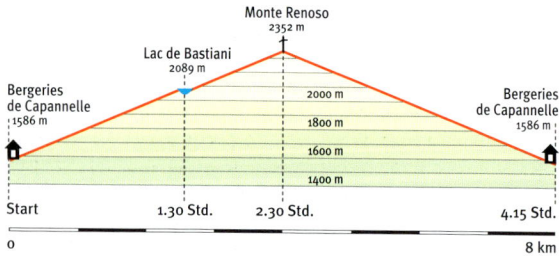

Monte Renoso
2352 m

Lac de Bastiani
2089 m

Bergeries
de Capannelle
1586 m

Bergeries
de Capannelle
1586 m

2000 m

1800 m

1600 m

1400 m

Start   1.30 Std.   2.30 Std.   4.15 Std.

0   8 km

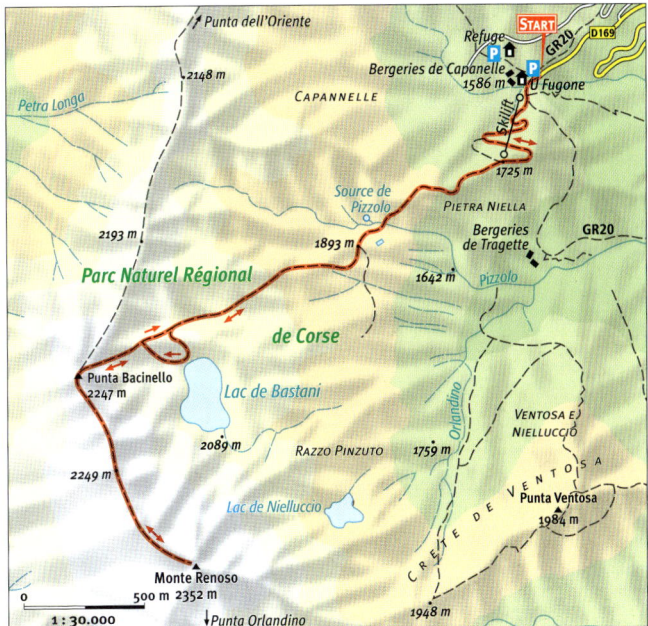

ren unter den Liftseilen höher, vorbei an zerzausten Bergbuchen, Erlen, vereinzelten Ebereschen. An der Baumgrenze, die wir nach 15 Min. erreichen, blicken wir dann geradewegs auf den Gipfel und links hinunter ins Orlandino-Hochtal.

Wenn wir kurz darauf die oberen Masten des Skilifts passieren, brauchen wir uns nur noch an den Steinmännchen zu orientieren. Sie bilden eine gute Markierung in der von Felsbrocken übersäten, mit Zwergwacholder, Berberitzen und Erlenbüschen bewachsenen Hochgebirgslandschaft.

Nach 25 Min. Aufstieg (vom Liftende gerechnet) gelangen wir in ein grün gepolstertes Hochtal, das, von dem frisch entspringenden Pizzolo-Bach durchflossen, den Schafen besten Weidegrund bietet. Wir steigen höher und gehen in einem zweiten

Hochtal auf den Hauptkamm zu. Links befindet sich der Schutthang einer Moräne, die wir nun besteigen.

Wir verlassen also den Hauptweg, der geradeaus direkt zum Monte Renoso hochführt. Wenn wir oben auf der Moräne stehen, sehen wir den Lac de Bastani dunkelgrün in der Senke liegen.

Der **Abstecher** ist nur sporadisch markiert, und die wenigen Steinmännchen sind im Geröll oft schwer auszumachen. Sobald wir auf den **Bastiani-See** stoßen (1.30 Std.), halten wir uns rechts, um oberhalb eines zweiten, ausgetrockneten Sees die Moräne in nordwestlicher Richtung hochzusteigen. An gigantischen Granitblöcken vorbei, kommen wir wieder auf den Hauptweg, der sich nun steil zum Kamm hochschwingt.

Es ist kein schmaler Grat, sondern eine breite Hochfläche, die, von Schaf-

Erlenzweig am Bergbach

herden bevölkert, eben und unfehlbar auf den Gipfel des **Monte Renoso** hinführt (2.30 Std.). Wenn wir in die Felsregion kommen, halten wir uns links aufwärts, wo wir das kleine Gipfelkreuz zwischen Granitblöcken finden. Der Gipfel ist nämlich ein unscheinbarer Steinhaufen und unterscheidet sich nicht von den anderen, die südwärts den Gratweg zur Punta Orlandino säumen. Aber die Aussicht ist überwältigend, denn wir stehen auf dem Dach der Insel und blicken nach Süden zum Monte Incudine, nach Norden über den Monte d'Oro und Monte Rotondo bis zur Paglia Orba.

Wir gehen auf demselben Weg zurück und sehen auf dem Hochplateau parallele Reihen von Steinmännchen. Wenn man sich rechts an der Abbruchkante hält, hat man des Öfteren einen schönen Blick auf den Lac de Bastani. Aber Vorsicht: Mehrmals geht es sehr steil bergab zum See. Wir orientieren uns deshalb nach links und nehmen den Abstieg erst 25 Min. nach dem Gipfel bei einem Felsenchaos in Angriff, wenn der See schon halbrechts unten liegt und viele Steinmännchen »Achtung!« signalisieren. Dieses Mal lassen wir den See rechts liegen und gehen direkt über die Matten der Hochtäler hinunter. Nach etwa 4.15 Std. haben wir die **Bergeries de Capanelle** wieder erreicht.

Blau-grüne Hochgebirgsoasen

Vom Col de Verde zu den Pozzi-Bergerien und Rina-Seen

Die so genannten Pozzines, himmelblaue Tümpel in sattgrünen Moorwiesen, gehören zu den geheimen Schönheiten des korsischen Hochgebirges. Die folgende Tour, lang und teilweise anspruchsvoll, belohnt den Wanderer mit unvergesslichen Landschaftseindrücken.

DIE WANDERUNG IN KÜRZE

+++ Anspruch	**Charakter:** Ausgedehnte Bergtour für konditionsstärkere Wanderer. Bis zu den Pozzi-Bergerien gut einsehbarer Pfad, danach Wegführung trotz Steinmännchen nicht immer klar erkennbar, für erfahrene ›Pfadfinder‹ ist die Schleife über die Rina-Seen jedoch kein Problem.
7 Std. Gehzeit	
20 km Länge	**Ausrüstung:** Warme Kleidung, Proviant, Trinkwasser
700 m An-/Abstieg	**Wanderkarte:** IGN 4252 OT, Monte Renoso, Bastelica

Einkehr und Unterkunft: Bar-Refuge am Col de Verde (Tel. 04 95 24 46 82)

Anfahrt: Mit dem **Auto** von Ghisoni oder Zicavo kommend zum Col de Verde

Achtung! Bei unsicherer Witterung spätestens bei den Pozzi-Bergerien umkehren! Der schnell aufziehende Nebel macht die Orientierung weiter oben völlig unmöglich.

Am **Col de Verde** (kors. Bocca di Verdi) kreuzt der Weitwanderweg GR 20 die Straße von Ghisoni nach Zicavo (D 69). Wäre nicht der große ansteigende Parkplatz, man würde die unscheinbare, völlig bewaldete Passhöhe kaum wahrnehmen. Wir gehen unterhalb des Parkplatzes in westlicher Richtung (»E Capanelle«), vorbei am Refuge, auf der rot-weiß markierten GR20-Route. Nach 5 Min. schwenkt die abwärts führende Piste beim Picknickplatz links über den Bach. Wir bleiben aber diesseits des Baches und gehen geradeaus weiter in den Wald hinein. Von unserem Forstweg biegen wir erst 15 Min. später, bei einem riesigen Felsblock, nach rechts ab.

Der nun schmalere Wanderweg gewinnt allmählich an Höhe und erreicht einen kleinen Pass (Col de la Flasca), hinter dem wir einen anderen, kräftigeren Bach, den Marmano, rauschen hören. Im beständigen Schatten des Buchenwaldes geht es abwärts zu einer Lichtung mit Riesentanne: Ein Schild nennt noch die Höhe von 53,20 m, die seit dem Verlust des ursprünglichen Wipfels durch einen Sturmschaden um gut 10 m übertrieben ist.

Bevor wir die Hängebrücke erreichen, können wir an einer eingefass-

Punta Orlandino
2273 m

CRÊTE DE MONTE TORTO

NEVATA

Monte Torto
2262 m

Felsblöcke   Wetterbuche

2218 m

Lacs de Rina

1882 m

CRÊTE DE PIETRADIONE

Col de Pruno
1972 m

Punta Cappella   CRÊTE DE PIET
2032 m   1848 m

PIETRADIONE

Parc Naturel Régional
de Corse

Pozzines

G I A L G

1783 m

Felsnase

Faeto Rosso

1742 m

Bergeries
des Pozzi
1750 m

CRÊTE DE SCALDASOLE

Guado alla Macchia Rau   Hängebrücke

GR20

1752 m

Marmano

1 : 30.000

0   500 m

ten Quelle Wasser tanken. Wir überqueren den schwankenden Steg und
gehen auf der anderen Seite des Marmano durch blühenden Steingarten

ein Stück nach Osten ›zurück‹, um
dann in weiten Kehren den Südhang
der Punta Cappella zum **Gialgone-Pla-
teau** hochzusteigen (1.30 Std.). Man

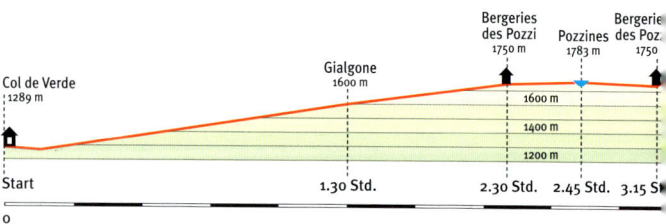

Col de Verde
1289 m

Gialgone
1600 m

Bergeries
des Pozzi
1750 m

Pozzines   Bergerie
1783 m   des Poz..
1750

1600 m

1400 m

1200 m

Start

1.30 Std.   2.30 Std.   2.45 Std.   3.15 S

0

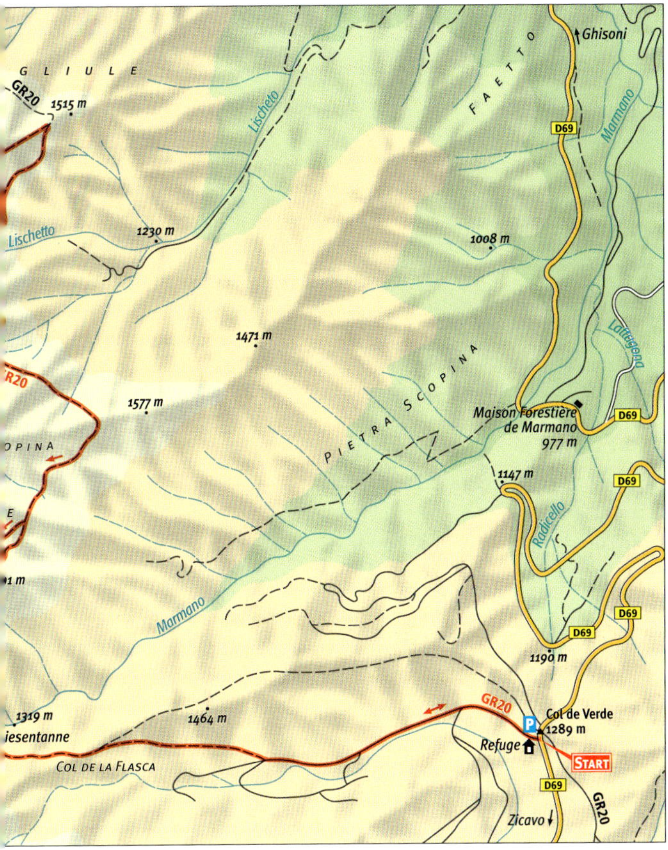

muss von der Brücke ab etwa 40 Min. rechnen, bis hinter einem Buchenhain deutlich markiert (»I Pozzi«) links der Weg zu den Pozzi-Bergerien abzweigt.

Hier verlassen wir den GR 20, um fortan den Steinmännchen zu folgen. Der Pfad ist am Anfang nicht klar auszumachen, denn er führt – in zwei Va-

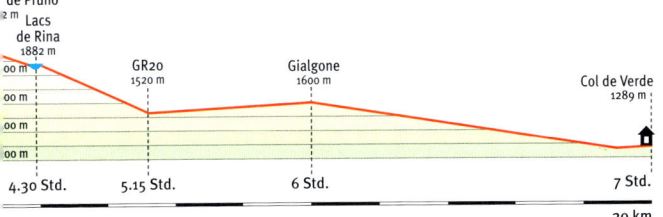

rianten – quer durch die Weide. Wir steuern halbrechts auf den oberen Weg zu, der zunächst deutlich, dann sanft ansteigend von einer Buchengruppe zur nächsten durch die Garrigue führt und an den Bächen Erlengestrüpp durchquert. So kommen wir oberhalb der Waldgrenze allmählich in ein Hochtal, an dessen Eingang die Steinbauten der **Bergerien** stehen (2.30 Std.). Wenn wir sie eine knappe Stunde nach der Gialgone-Abzweigung erreichen, müssen wir den Weg nur noch einige Minuten fortsetzen, bis wir vor den ersten **Pozzines** stehen. Die Schönheit der mäandrierenden Formen und das Schauspiel der blau-grün-weiß changierenden Farben lockt uns weit hinein in die Feuchtwiesen, die sich auf einer Höhe von 1750–1850 m einen

guten Kilometer lang in den Talschluss ziehen. Hier könnte man sich stundenlang aufhalten.

Wer müde ist, sollte von hier zum Col de Verde zurückkehren. Man muss für den Abstieg dann etwa 2.30 Std. rechnen. Wer seine Pozzines-Begeisterung jedoch steigern will, setzt die Wanderung Richtung Rina-Seen fort. Dazu muss man hinter den Pozzi-Bergerien den Bach und seine Feuchtwiesen überqueren und geradeaus auf den Abhang des Pietradione zugehen. Ein Pfad führt halbrechts zu den Trümmern einer verfallenen Bergerie hoch, verliert dann aber an Höhe. Wir verlassen ihn deshalb und steigen querfeldein auf die Felsnase zu, die markant auf dem Abhang ›sitzt‹. Links an ihr vorbei, erhebt sich vor uns die Punta Cappella,

Die Rina-Seen, Kleinode im Hochgebirge

Aussichtspunkt, denn nur hier führt, ziemlich nah am Fels und senkrecht, ein Weg durch die Erlenbüsche. Unten angelangt, stapfen wir am Südufer des oberen Sees über die Feuchtwiesen nach rechts, um auf der nächsten Pozzines-Stufe den abfließenden Bach nach links zu überqueren. Auf dieser Seite bleiben wir, wenn es eine weitere Etage zu den unteren Seen hinabgeht.

Der mit Steinmännchen markierte Pfad schwenkt bei den letzten Pozzines nach links auf Felsblöcke zu, die mit großen Pfeilen bemalt sind. Wir folgen der Richtung des roten Abbiegerpfeils und gehen querfeldein und halbrechts auf eine Wetterbuche zu, die mit ihrem violettfarbenen Stamm eine bessere Markierung abgibt als die unscheinbaren, in weiten Abständen gesetzten Steinmännchen. In der eingeschlagenen Richtung geht es nun von einer Wetterbuche zur nächsten weiter abwärts, bis sich die Buchengruppen auf dem Steinbrocken übersäten Terrain erst zu einem Hain, dann zu einem Wald verdichten. So steigt man (in gehörigem Abstand zu dem Abhang rechts) allmählich den Höhenrücken hinunter, wobei man weit blickend von Steinmännchen zu Steinmännchen gehen muss, da ein Weg nicht zu sehen ist. Nach gut 35 Min. leuchten die rot-weißen Streifen des **GR 20** auf (5.15 Std.). Wir biegen dann rechts in den Weitwanderweg ein und folgen ihm auf ziemlich gleich bleibender Höhe bis zur Gialgone-Abzweigung, die wir vom Hinweg kennen. Von hier ab geht es auf der bekannten Strecke zurück zum **Col de Verde** (7 Std.).

ein Felshaufen, der dem lang gestreckten Rücken des Pietradione gegenüberliegt. Zwischen beiden Erhebungen liegt – zurückversetzt – die Passhöhe des **Col de Pruno**, auf die wir nun zustreben. Im Bachbett weist auf einem Felsbrocken ein riesiger Pfeil in die Richtung, die wir – unter weiträumiger Umgehung des Erlengestrüpps – im Auge behalten müssen.

Etwa 1.15 Std. nach unserem Aufbruch von den Pozzi-Bergerien erreichen wir den Pass und blicken in den Kessel, in dem 100 m tiefer der erste und größte **Rina-See** liegt (4.30 Std.). Wenn wir ein paar Schritte (Steinmännchen) nach rechts gehen, erscheinen auch die unteren Seen mit ihren Pozzines im Blickfeld. Wir müssen aber wieder zurück zum ersten

Im Reich der Maronen

Von Guitera-les-Bains zum Kastaniendorf Tasso

Das Haut-Taravu gehört zu den entlegendsten Mikro-Regionen Korsikas. Die Wanderung führt auf der Nordseite des Tals in das schön restaurierte Bergdorf Tasso. Inmitten von Kastanienhainen gelegen, ist es der größte Kastanienmehlproduzent der Insel.

DIE WANDERUNG IN KÜRZE

++

Anspruch

4.45 Std.

Gehzeit

12 km

Länge

Charakter: Erd- und Betonpisten, Macchiapfade, vor allem aber schattige, teils steile Waldwege. Die orangefarbene Markierung ist ziemlich verblichen.

Ausrüstung: Proviant, Wasser

Wanderkarte: IGN 4253 OT, Petreto-Bicchisano, Zicavo

Einkehr und Unterkunft: Gîte d'étape Guitera-les-Bains (Tel. 04 95 24 44 40), Ferme-Auberge in Tasso (Tel. 04 95 24 50 54)

Anfahrt: Mit dem **Auto** von der D 83 (Ajaccio–Zicavo) bei Bains de Guitera nach Guitera-les-Bains abzweigen. **Busverbindung** Ajaccio–Zicavo mit Halt in Guitera-les-Bains.

Am unteren Ortseingang von **Guitera-les-Bains** befindet sich das Gîte d'étape, das auch für Informationen eine sehr gute Adresse ist. Nach der Kurve verlassen wir die Dorfstraße links über Stufen. Wir kommen so zur Mairie, die wir rechts liegen lassen, und gehen bei der nächsten Kurve geradeaus an einem Brunnen mit Waschplatz vorbei. Von der hier beginnenden Erdpiste weist uns bald ein Schild (»Tasso 2H30«) über einen Steg, hinter dem wir gleich auf die

nächste Piste stoßen. Wenn wir ihr links nach oben folgen, kommen wir – unter dem felsigen Hausberg Punta di Bozzi – in ein Neubaugebiet.

Jetzt heißt es aufpassen, denn Planierraupen haben den ursprünglichen Verlauf des alten Verbindungsweges verschüttet. Wir müssen geradeaus die Böschung hoch und sollten nicht rechts auf den Fußweg zu den Grabmälern abkommen. Unser Pfad ist anfangs auch deshalb nicht leicht auszumachen,

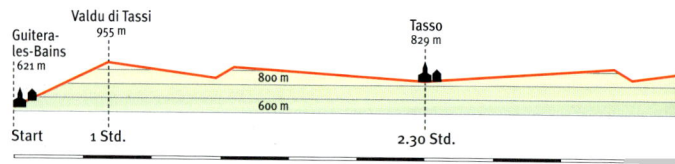

Kastanienhain vor Tasso – ein Himmelreich für Schweine

weil in der Macchia, die wir nun erreichen, manche Seitenpfade in die Irre führen und die Abstände zwischen den Markierungspunkten relativ groß sind. Wenn man systematisch auf die orangefarbenen Tupfer achtet, kommt man jedoch problemlos voran, zumal der Weg sich immer deutlicher herauskristallisiert. Er führt ziemlich steil eine Rinne hoch, die – immer im Unterholz verlaufend – keinerlei Talsicht gestattet.

Es dauert etwa 1 Std., bis wir auf die **Valdu di Tassi-Höhe** gelangen, auf der ein »Tasso«-Schild halblinks hinunterzeigt. Nach dieser Wegkreuzung, mit 955 m der höchste Punkt unserer Wanderung, geht es leicht bergab durch schattigen Steineichenwald. Wir überqueren jetzt eine Reihe von Wasserläufen, die alle am Südhang der Pointe de Malvesa entspringen und weit unten in den für uns nicht sichtbaren Taravu münden.

Hinter dem Cadutu-Bach tauchen mit den Steinmauern die ersten Kastanien auf. Der zerwühlte Boden zeugt von den Schweinen, die hier ihre Nahrung finden. Nachdem wir die beiden Arme des Filetta-Baches überquert haben, steigt der Weg wieder an. In Kehren geht es durch die Macchia, bis wir knapp 1 Std. nach der Wegkreuzung auf einen Forstweg gelangen. Wir folgen ihm nach rechts und schlendern abwärts durch Flaumeichenwald und schöne Kastanienhaine. Rechts blicken wir nun endlich hinunter ins Taravu-Tal, links hinauf auf den lang gestreckten Rücken der Punta del Fajo Tondo (1522 m).

Es ist jetzt nicht mehr weit bis **Tasso** (2.30 Std.). An Schweinekoben, Gräbern, Autowracks vorbei, geht der Forstweg bei den ersten Häusern

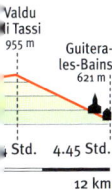

Valdu
di Tassi
955 m

Guitera-
les-Bains
621 m

Std.   4.45 Std.

12 km

in eine Betonpiste über. Rechts unterhalb des Ortes sehen wir die Pfarrkirche, die nicht mehr wie ihre Vorgängerin das Dorfzentrum ausfüllt. So stoßen wir auf die D 128, die – von Gioviacce bzw. Sampolo kommend – in Tasso eine Schleife macht. Wenn wir die Straße ein paar Schritte abwärts gehen, sehen wir auf der gegenüberliegenden Seite des Gîte d'étape, beim Brunnen, einen gepflasterten Fußweg ins Dorfinnere abzweigen. Er führt an Wohnhäusern und Kastaniendarren vorbei zum zentralen, von einer mächtigen Ulme beherrschten Platz. Wir kehren hier wieder um und steigen bei der Mairie (mit Schule) die Treppen hoch zum kommunalen Kastanienofen. Im oberen Ortsteil befindet sich die Ferme-Auberge, in der wir – bei rechtzeitiger Vorbestellung – Kastanienspezialitäten kosten können. Anschließend geht es auf demselben Weg zurück nach **Guitera-les-Bains** (4.45 Std.).

Kastanienindustrie

Tassos Kastanienhaine liegen im idealen Höhenbereich (700–900 m) rund um die Ortschaft verstreut. Es gibt im Dorf etwa 20 Familien, die jeden Herbst getrocknete Maroni und Kastanienmehl produzieren. Sie haben ihre eigenen Darren, niedrige Steinhütten mit einem Lattenrost, auf dem die eingesammelten Früchte drei Wochen lang gedörrt werden. Wenn sie auf ein Drittel ihres Frischgewichts geschrumpft sind, kommen sie geschält in den Gemeindeofen, danach in die Feinkostläden oder zum Müller. Mit 15 Tonnen jährlich ist Tasso unter den korsischen Dörfern der größte Kastanienmehlproduzent.

Die Silhouette der Sanguinaires

Von der Pointe de la Parata zu den Stränden des Capo di Feno

Die Pointe de la Parata bildet die äußerste Spitze einer Landzunge, die auf die Sanguinaires-Inseln zuläuft. Die Wanderung beginnt mit einem Panaroma-Rundweg vor dem pittoresken Archipel und führt dann die Küste entlang zu zwei Sandstränden.

DIE WANDERUNG IN KÜRZE

+
Anspruch

Charakter: Parata-Panoramaweg zum Teil über gemauerte Steintreppen, anschließend bequemer Küstenweg mit geringer Steigung. Weglos geht es die Strände entlang.

4 Std.
Gehzeit

Ausrüstung: Badezeug

13 km
Länge

Wanderkarte: IGN 4153 OT, Ajaccio, Iles Sanguinaires

Einkehrmöglichkeiten: Bar-Restaurant I Sanguinari

an der Pointe de la Parata (auch Sandwicherie), Strandbar Le Pirate an der Anse de Minaccia

Anfahrt: Mit dem **Auto** oder **Bus** von Ajaccio auf der Route des Iles Sanguinaires (D 111) bis zum Terminus (Parkplatz, letzte Haltestelle)

Die Route des Iles Sanguinaires (D 111) endet an einem **Parkplatz** direkt vor dem Restaurant »I Sanguinari«. Wir wenden uns der links und rechts von Wasser umschlossenen Spitze der Halbinsel zu. Links unterhalb des Turmes, der Tour de la Parata, vorbei, gelangen wir, von Möwen umflattert, auf eine Felsplattform, wo uns nur noch 1–2 km von den Sanguinaires-Inseln trennen. Hinter dem Aussichtspunkt geht es teilweise über Treppen höher. Wir blicken jetzt auf die nördliche Bucht,

dann hinüber nach Ajaccio und erreichen bequem nach 20 Min. wieder den **Parkplatz.**

Nun schlagen wir, neben der Terrasse des **Restaurants,** den Weg nach Norden ein. Der Pfad führt unterhalb einer Radarstation (Semaphore) durch struppige Macchia. Wenn wir nach 10 Min. bei einem Schießplatz herauskommen, liegt die Kuppe bereits hinter uns. Wir gehen jetzt nicht den Rundweg zurück zur Straße, sondern durchqueren parallel zur Straße einen Freizeitpark. Zwischen einer zer-

Park- platz :10 m	Park- platz 10 m		Plage de St-Antoine 0 m	Anse de Minaccia 0 m	Plage de St-Antoine 0 m
Start	20 Min.	0 m	1.45 Std.	2.15 Std.	2.30 Std.

0

Das Parata-Kap (rechts) und die Sanguinaires-Inseln (links)

Parkplatz
10 m

4 Std.

13 km

fallenden Kaserne links und Moto-
cross-Schanzen rechts hindurch geht
es leicht ansteigend die Nordküste
entlang. Wenn wir oberhalb der Ten-
nisplätze auf einen ungeteerten Fahrweg stoßen, folgen wir ihm nach links.

Capo di Feno

Anse de

Minaccia

52 m

PISINALE

D111b

PRESA DI SEVANI

· 23 m

St-Antoine

CAPIGLIOLO

Plage de St-Antoine

18 m

81 m

VALLITELLA

ACQUA SALSA

228 m

Funtana di
Finocchiaja

195 m

PINDIGHIULI

Punta di Frati
221 m

154 m

71 m

ARMORACI

Kletterfels

FRATI

FRATI

D111

47 m

Pointe de
la Corba

109 m

81 m

CALA DI RETA

Freizeitpark

P

H

D111

85 m

I Sanguinari

P

H

10 m

Golfe d'Ajaccio

START

Tour de la Parata
55 m

Pointe de la Parata

Îles Sanguinaires

0   500 m

1 : 30.000

Die bequeme Piste führt nun oberhalb der Küste auf die roten Felsen der Pointe de la Corba zu. Wir erreichen sie 30 Min. nach unserem zweiten Aufbruch vom Parkplatz und genießen den Blick zurück auf die hintereinander gestaffelten Buchten (Cala di Reta, Golf von Ajaccio). Danach geht es, vorbei an einem **Kletterfelsen,** auf engerem, nicht mehr befahrbarem Weg weiter die Küste entlang. Er liegt vormittags im Schatten und gibt, 40–60 m über dem Meer, links den Blick auf ein Felseninselchen frei. Es liegt im weit geschwungenen Anse de Minacchia, der nördlich vom Capo di Feno abgeschlossen wird. Am äußersten Ende der Landzunge erhebt sich ein Genueserturm, der wie sein südliches Pendant auf der Pointe de la Parata der Küstenüberwachung diente.

Unser Weg steigt bis etwa 80 m hoch und schwenkt dann zur Plage de Saint-Antoine hinunter. Der Blick schweift hier landeinwärts über die dorfnahen Matten und die zahme Punta di Lisa (790 m) auf die bis weit ins Frühjahr hinein schneebedeckten Gipfel des Zentralmassivs. Nach den ersten Häusern von Capigliolo entfernen wir uns ein Stück von der Küste, bis wir im spitzen Winkel auf die Straße stoßen, die linker Hand direkt zum Strand führt.

Nördlich von der **Plage de Saint-Antoine** befindet sich ein zweiter, noch größerer Sandstrand, der **Anse de Minaccia,** den wir über ein Plateau erreichen (2.15 Std.). Wir halten

uns immer links knapp am Ufer und müssen nur am nördlichen Ende des ersten Strandes einen Bach und eine Felsbarriere überwinden. Vor uns liegt ein lang gestrecktes Badeparadies, einsam und ohne Schatten, wären da nicht die Strohschirme der Strandbar.

Auf demselben Weg geht es dann wieder zurück. Besonders schön ist die letzte Strecke, wenn die Sanguinaires-Inseln wieder auftauchen und der Blick über die Parata-Spitze von einer Bucht (Cala di Reta) auf die nächste (Golf von Ajaccio) schweift. Wer mit dem Bus gekommen ist, muss nicht zurück zum **Parkplatz** (und zur Endstation, 4 Std.), sondern kann schon eine Haltestelle früher beim Tennisplatz zusteigen.

Die Sanguinaires-Inseln

An der Einfahrt zum Golf von Ajaccio erheben sich vier Inseln aus dem Meer, Reste eines versunkenen Küstengebirges. Sie tragen den Namen Sanguinaires (Blutinseln), weil ihre Granulit-Felsen bei Sonnenuntergang blutrot aufleuchten. Am Nachmittag fahren vom Fischereihafen an der Place Foch in Ajaccio in der Saison die Ausflugsboote zur Großen Sanguinaire. Diese, auch Mezzu Mare genannte Insel erhebt sich 80 m aus dem Meer; auf ihr befinden sich die Ruinen einer Quarantänestation und eines Genueserturms von 1550, außerdem an der Spitze der 1844 errichtete Leuchtturm.

Im Schatten der Eukalyptusriesen

Rundwanderung im Wald von Chiavari

Unter dem mehr als hundertjährigen Eukalyptusbestand verbergen sich die Ruinen eines ehemaligen Zuchthauses, zu dem auch ein kleiner Stausee gehört. Der bequeme Weg bietet immer wieder fantastische Ausblicke auf den Golf von Ajaccio.

DIE WANDERUNG IN KÜRZE		
+ Anspruch	**Charakter:** Zum größten Teil breiter, schattiger Forstweg, rot-weiß markiert	**Anfahrt:** Mit dem **Auto** auf der D 55 von Ajaccio kommend. Mit dem **Bus** von Ajaccio nach Verghia
5 Std. Gehzeit	**Ausrüstung:** Trinkwasser, Proviant	
	Wanderkarte: IGN 4153 OT, Ajaccio, Iles Sanguinaires	
16 km Länge	**Einkehrmöglichkeit:** Bar-Restaurant La Pinède am Badestrand (Fischspezialitäten)	

Kurz vor **Verghia** und der Abzweigung nach Coti-Chiavari umfährt die D 55 einen pinienbestandenen Strand, **La Pinède** genannt. Nach der scharfen Rechtskurve führt links eine tief zerfurchte Erdpiste geradewegs in den Wald hinein. »Attention au feu« besagt das einzige Schild. Die dichten Steineichen werden bald von hohen Eukalyptusreihen überragt, hinter denen die felsigen ›Gipfel‹ der Hügelkette sichtbar werden.

Nach 10 Min. gabelt sich der Weg. Wir nehmen die rechte Abzweigung und folgen der steiniger werdenden Piste, die sich über den Formicolosa-Bach in den Talschluss hinaufschlängelt. Rechts schweift der Blick über bewaldete Kuppen, und hinter dichtem Laubwerk sieht man mehrmals den Golf leuchten. Links entdecken wir im Unterholz bemooste Mauerreste, die weiter oben von einem noch intakten System von Be-

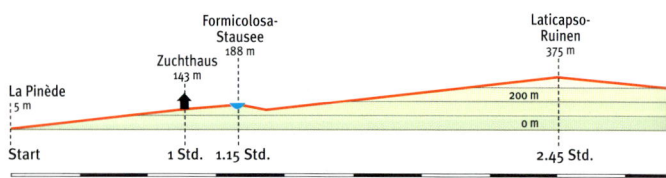

La Pinède
5 m

Zuchthaus
143 m

Formicolosa-Stausee
188 m

Laticapso-Ruinen
375 m

200 m

0 m

Start 1 Std. 1.15 Std. 2.45 Std.

o

Am Formicolosa-Stausee

wässerungskanälen abgelöst werden.

Nach 30 Min. kommen wir an einer Reihe von Gräbern vorbei, die unter den mächtigen Eukalyptusbäumen beinahe verschwinden. Die Borke hängt in Fetzen von den hellen Stämmen, und der Waldboden ist von lanzettförmigen Blättern und silbernen Hütchen übersät. Man hat die würzig duftenden Riesen vor über 100 Jahren hier angepflanzt, um die Sümpfe trockenzulegen und so der Malaria Herr zu werden. Kurz nach dem Friedhof mündet der Weg in eine von links kommende Forststraße, auf der wir am Ende der Wanderung zurückkommen werden. Jetzt aber folgen wir den Eukalyptusbäumen in eine Allee hinein, die uns um die frühere **Strafanstalt** herumführt (1 Std.).

Wir erkennen rechts die sorgfältig angelegten Terrassen der Anlage, die zum Bach hin mit einer hohen Rundmauer abgeschlossen ist, und passieren dann links einen freien Platz, auf dem früher die Schweineställe untergebracht waren. Nach der kleinen Steinbrücke schwenkt der Weg zurück, vorbei an den Mauerresten eines Geräteschuppens und hinauf zur Straße (D 55). Man sieht jetzt die Ruinen der landwirtschaftlichen Strafanstalt, die aus der Zeit des Zweiten Kaiserreichs (1852–70) datiert. Diesseits der Straße stößt man auf ein steingemauertes Oval mit Plattform und Pumpe, die Jauchegrube. Auf der anderen Straßenseite steht noch ein zweiteiliger Langbau, der als Futterscheune und Weinkeller diente. Das dreistöckige Haupt-

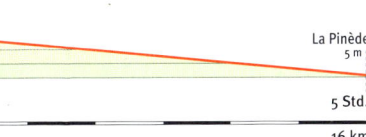

La Pinède
5 m

5 Std.

16 km

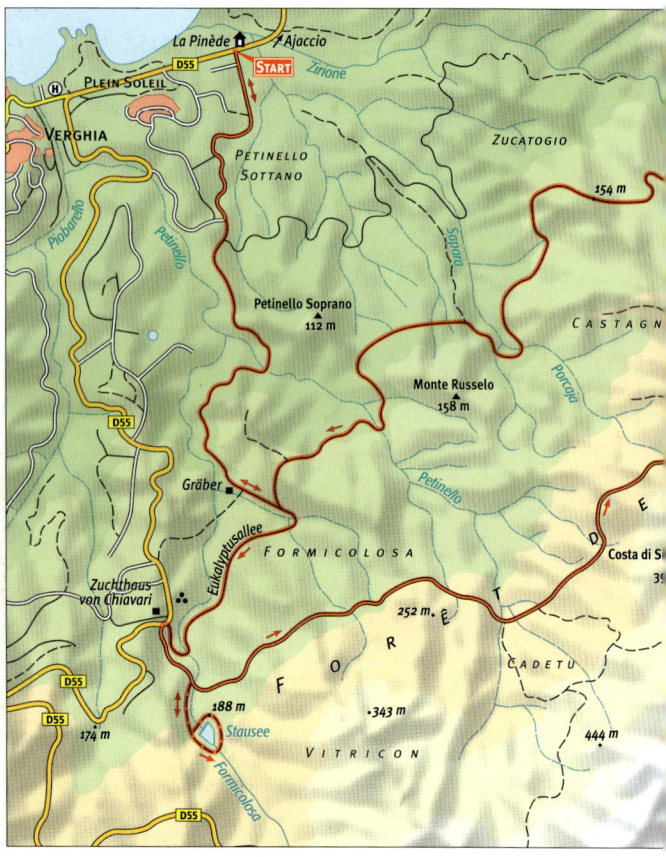

gebäude mit den Häftlings- und Verwaltungstrakten ist vollständig abgerissen. Das platanenbestandene Areal ist heute ein beliebter Picknickplatz. Man blickt durch das frei stehende Portal des zerstörten Uhrenturms auf die nördliche Bergkette des Golfs von Ajaccio.

Da uns noch schönere Aussichtspunkte erwarten, kehren wir dem Panorama wieder den Rücken und gehen, wie wir gekommen sind, zurück zur Straße. Diesmal nehmen wir jedoch die etwas breitere Sandpiste, die oberhalb des Hinwegs auf die Felsenspitzen zustrebt. Nach kaum 10 Min. zweigt rechts in der Kurve ein schmalerer Weg ab, der unter Kastanien am eingefassten Bach entlangführt und an einer hohen Staumauer zu enden scheint. Wir steigen neben der Überleitung steil nach oben und erreichen in wenigen Minuten den 1870 erbauten, idyllisch gelegenen **Formicolosa-Stausee** (1.15 Std.). Eine elegant geschwungene Steinbrüstung umgrenzt die dunkel schillernde, teilweise verschilfte Wasserfläche, in der sich das üppige Laubwerk spiegelt. Talwärts

den Blick über die Bucht hinaus zu den Sanguinaires-Inseln schweifen. Unter uns liegt der Wald mit seinen Felseninseln und dem lichten Plateau der Strafanstalt. 45 Min. nach unserem Abstecher dreht der Forstweg eine Schleife nach rechts, vorbei an prächtigen Tafoni-Plastiken. Das Meer im Rücken, wechseln wir hinüber ins Cortonu-Tal, über dem wir die **Ruinen von Laticapso** thronen sehen (2.45 Std.). Wir überqueren unauffällige Steinbrücken und lassen dann eine Abzweigung links liegen. Kurz danach erreichen wir Laticapso, die ehemalige Dependance von Chiavari. Die Häftlinge wurden nämlich in der heißen Jahreszeit, wenn unten die Malaria grassierte, dorthin umquartiert.

Wir gehen in 5 Min. zurück zu der Abzweigung, die wir beim Hinweg ignoriert haben. Hier geht es durch dichte Vegetation mit Baumheide und Erdbeerbäumen ins Tal hinunter. Es rauscht mal rechts, mal links im Unterholz, bis der windungsreiche Weg schließlich den Cortonu-Bach überquert, der danach in einer felsigen Schlucht verschwindet.

Ein langer Linksbogen führt uns um den Castagnarese-Hang und – nach Überquerung des Sapara-Baches – um den Monte Russelo herum. Der Weg beginnt nach 1 Std. wieder anzusteigen und wandelt sich dann zu einer breiten Forststraße, die an Korkeichen vorbei in den Eukalyptuswald zurückführt. Schließlich stoßen wir auf die ehrwürdige Reihe der hundertjährigen Bäume, die uns vom Friedhof zur Strafanstalt hinaufgeleitet haben. Wir biegen rechts ab und nehmen die bereits bekannte Piste, auf der wir in gut 20 Min. den Ausgangspunkt der Wanderung, den **Pinède-Strand,** erreichen (5 Std.).

erscheint das grandiose Panorama des Golfes mit der Isolella-Halbinsel im Vordergrund. Wir umrunden den See und kehren absteigend wieder auf den Hauptweg zurück. Für den Abstecher braucht man eine knappe halbe Stunde.

Eine mit Schranke versehene Brücke bringt uns über den Formicolosa-Bach. Die breite Forststraße gewinnt allmählich an Höhe und führt uns im Schatten verschiedener Eukalyptusarten über die Zuflüsse des Petinello hinüber zu den Steinformationen der Costa di Serra. Wir lassen

Im Alta Rocca von Dorf zu Dorf

Rundwanderung bei Quenza

Auf alten Verbindungswegen führt diese Wanderung durch charakteristische Dörfer des hoch gelegenen Alta Rocca. Zwischen Bergerien und Mühlen bieten sich immer wieder überraschende Fernblicke auf das Bavella-Massiv oder das Plateau von Coscione.

DIE WANDERUNG IN KÜRZE

++ Anspruch	**Charakter:** Lange, abwechslungsreiche Wanderung mit wenigen anstrengenderen Passagen, meist auf Pisten und gut ausgetretenen Fußwegen
5.30 Std. Gehzeit	**Ausrüstung:** Proviant, Badezeug
17 km Länge	**Wanderkarte:** IGN 4253 OT, Petreto-Bicchisano, Zicavo

Einkehr und Unterkunft: Gîte d'étape Jallicu (Tel. 04 95 78 63 21), Bars und Gîte d'étape (Tel. 04 95 78 64 90) in Serra, Bar in Sorbollano, Bars und Hotel-Restaurant in Quenza

Anfahrt: Mit dem **Auto** von Porto-Vecchio, Sartène oder Zicavo kommend nach Quenza. Mit dem **Bus** von Porto-Vecchio nach Quenza

Gegenüber der Pfarrkirche von **Quenza** informieren Holztafeln der Parkbehörde über die Wanderwege im Alta Rocca. Der Wegweiser nach »Serra-di-Scopamena« zeigt links in die obere Dorfstraße, der wir bis zur Kurve folgen. Hier biegen wir links auf die Piste ab, die zwischen Obstbäumen, Kastanien und Heckenrosen zum Bach, dem **Ruisseau San Petru,** hinunterführt. Vor dem Eisensteg verengt sich der alte Verbindungsweg, der über eine Staustufe mit Mühlenruine ans andere Ufer gelangt und dort sorgsam gepflastert nach oben strebt. Von links hören wir jetzt das Rauschen eines zweiten Baches, des Ruisseau de Codi, der tief unter uns einen Wasserfall bildet. Wir zweigen hier nicht links in die Schlucht hinunter ab, sondern steigen – immer der orangefarbenen Markierung nach – den Hang nach oben.

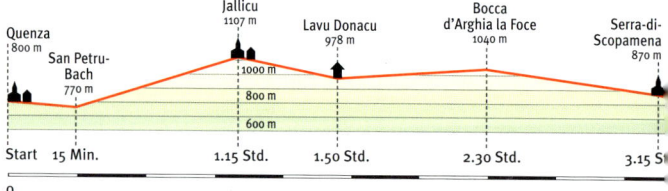

| Quenza 800 m | San Petru-Bach 770 m | Jallicu 1107 m | Lavu Donacu 978 m | Bocca d'Arghia la Foce 1040 m | Serra-di-Scopamena 870 m |

Start   15 Min.   1.15 Std.   1.50 Std.   2.30 Std.   3.15 St

o

Die Mühle von Serra-di-Scopamena

So überqueren wir nach etwa 30 Min. einen Wirtschaftsweg, dem wir wenig später ein kurzes Stück folgen, um ihn gleich wieder nach links zu verlassen und, unter Kastanien hochsteigend, anschließend auch noch eine Asphaltstraße zu überqueren. Der Fußweg nach Jallicu (beschildert) schraubt sich in Kehren durch dichten Wald, der weiter oben den Sträuchern der Macchia weicht. Wenn wir dann gut 1 Std. nach unserem Aufbruch in Quenza auf einen breiteren Feldweg stoßen, wenden wir uns im spitzen Winkel nach links, um in einer großen Schleife mit Panoramablick auf das Schloss von Quenza und die Hügel des Alta Rocca auf den Weiler **Jallicu** (kors. Ghjallicu) zuzugehen.

Er besteht aus ein paar Steinhäusern, einem Backofen und einem Reitstall, der zu dem Gîte d'étape gehört. Die Piste, auf die wir hier treffen, führt auf das Plateau de Coscionu hinauf. Wir gehen auf ihr links etwa 15 Min. Richtung Quenza zurück, bis rechts in der Kurve unser Maultierweg nach Serra-di-Scopamena weiterführt (ausgeschildert). Er überquert einen Wasserlauf und schwenkt dann in Serpentinen zum Codi-Bach hinunter, wo wir 20 Min. später bei einer ehemaligen Kastanienmühle durch die Furt gehen. Am anderen Ufer bleiben wir links unterhalb der Piste auf dem markierten Weg, der in wenigen Minuten die idyllisch über der Schlucht liegenden Bergerien von **Lavu Donacu** passiert.

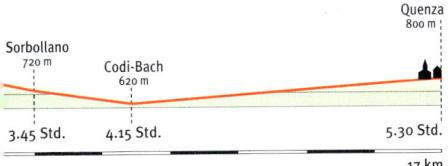

Sorbollano
720 m

Codi-Bach
620 m

Quenza
800 m

3.45 Std.   4.15 Std.   5.30 Std.

17 km

Wir überqueren die Pistenkreuzung und folgen dem Wegweiser auf einen nahezu eben verlaufenden, dann leicht ansteigenden Pfad. Er schwenkt nach 15 Min. nach Westen (links Blick auf Schloss von Quenza) und trifft an der Bocca d'Arghia Petrosa (rechts Blick nach Aullène) auf eine Piste, der wir kurz bis zu einer Kreuzung (Blick links auf die Bavella-Spitzen) folgen.

Der Wanderweg verlässt hier die Piste und führt auf gleich bleibender Höhe – knapp über 1000 m – geradewegs durch die Garrigue. Sie ist im Frühjahr ein blühender Steingarten, unter dem sich nun erstmals Serra-di-Scopamena zeigt, wenn wir auf die nächste kleine Passhöhe, die **Bocca d'Arghia la Foce,** zusteuern (2.30 Std.). Wir gehen hier über einen Feldweg hinweg auf eine Kieferngruppe zu, wo wir dann nach links auf den nämlichen Feldweg einbiegen, um ihn freilich nach wenigen Metern wieder nach links zu verlassen. Kurz darauf verläuft die Route in ähnlicher Weise vor der **Bocca di Paradisu:** Wir überqueren eine andere Piste, die wir nach 5 Min. wieder erreichen, wenn sie als Teerstraße zum Dorf hinunterführt.

An Campingplatz, Reitzentrum und Tennisplatz vorbei, stoßen wir bei der Kapelle auf die Hauptstraße (D 420), die uns links sofort nach **Serra-di-Scopamena** bringt (3.15 Std.). Wir passieren die Gendarmerie, das Gîte d'étape, ein Snack-Restaurant, die Rampe zum Kirchplatz, die Mairie (mit Post und Zwergschule) und zweigen dann unterhalb des Cafés rechts (Wegweiser »Sorbollano«) auf einen Treppenweg ab, der zur alten, erst jüngst vom Park restaurierten **Ölmühle U Fragnu** hinunterführt.

Es geht recht holprig im Bachbett abwärts, bis wir vor einer Steinmau-

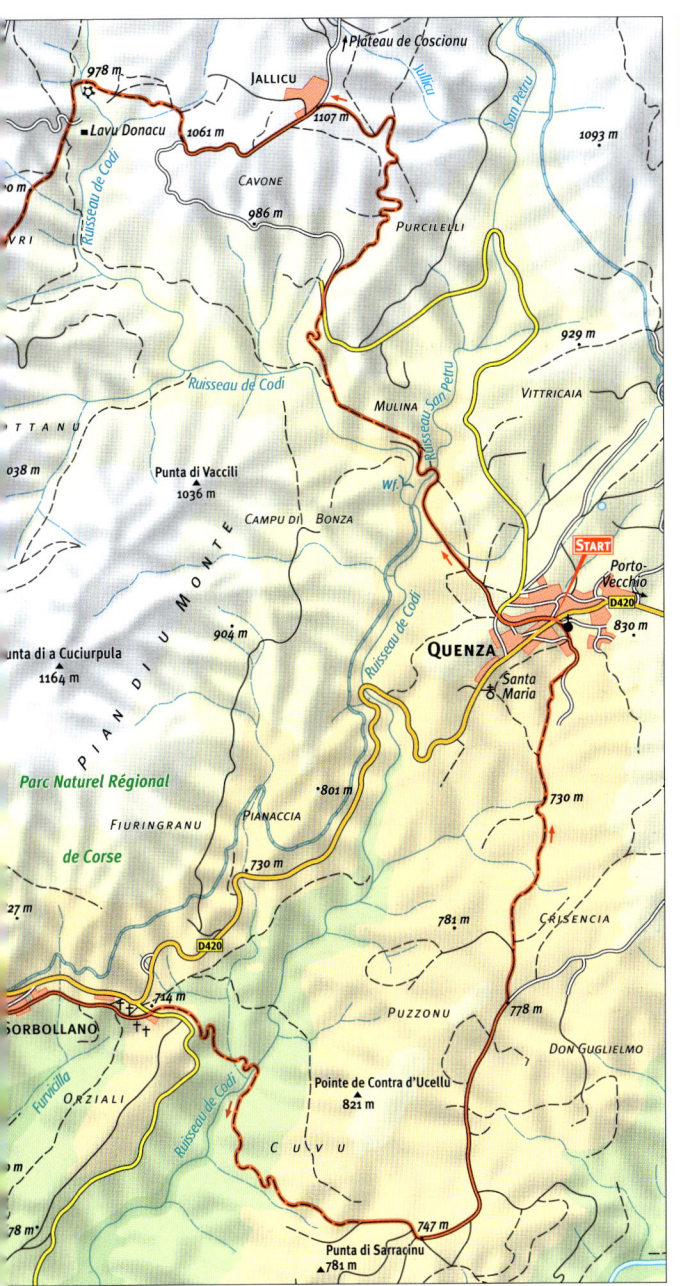

er auf eine Gabelung stoßen. Hier biegen wir links nach Sorbollano ab. Man sieht den kleineren Nachbarort vor sich liegen und nimmt – vorbei an der eingefassten Quelle, den Kirsch- und Nussbäumen – das obere Asphaltsträßchen, das unter massiven Granithäusern auf den südwärts offenen, terrassenartigen Dorfplatz von **Sorbollano** führt (3.45 Std.).

Bei der Kirche biegen wir halbrechts auf eine Piste hinunter ab, die uns parallel zur Hauptstraße aus dem Dorf geleitet und – mit schönen Ausblicken – beim Friedhof oben in die D 20 mündet. Wir folgen der Landstraße einige Meter nach rechts, um hinter einem Familiengrab links (Wegweiser »Quenza. Levie«) in den Wald einzutauchen. Der Pfad sticht zum **Codi** hinunter, überquert erst einen Seitenzufluss, dann auf einem Steg, unter dem schöne Badestellen locken, den Hauptbach (4.15 Std.). Ihm folgen wir in Fließrichtung ein Stück weit, bevor wir uns nach oben in einen schattigen Hohlweg entfer-

nen. Etwa 20 Min. dauert der Aufstieg zum Plateau von Quenza, das vor der gezackten Kulisse des Bavella-Massivs wie eine Parklandschaft anmutet.

Wir queren es auf einem breiten Forstweg, der in großem Bogen nach links schwenkt und rechts an einem Gehege entlang 20 Min. geradeaus führt, bis links ein Waldweg abzweigt. Auf ihm geht es steinig, morastig und sandig abwärts zu einem kleinen Sattel, über dem wir das nahe Quenza erblicken. Hinter dem tief eingekerbten Bach stoßen wir auf eine Piste, die an der romanischen Santa-Maria-Kapelle vorbei in die D 420 mündet. Schöner ist der kleine Pfad rechts, der unter dem ständigen Geplätscher einer unter Nussbäumen, Holunderbüschen und Brombeerranken verborgenen Quelle zu den alten Steinhäusern des unteren Ortsteils hochführt. Über eine Treppe erreichen wir den Kirchplatz von **Quenza**, an dem die Wanderung ihren Ausgang nahm (5.30 Std.).

In den ›Dolomiten‹ Korsikas

Vom Bavella-Pass zum Trou de la Bombe

Die spektakulären Bavella-Türme sind Ausgangspunkt dieser Rundwanderung. Sie führt erstaunlich bequem und fast immer im Schatten hoher Kiefern zu einem Felsenloch unter der Punta Velaco und wieder zurück zur Bavella-Südwand.

DIE WANDERUNG IN KÜRZE

+ Anspruch	**Charakter:** Gut markierter Weg, zum größten Teil promenadenartig, nur kurz vor dem Trou de la Bombe steil und felsig, so dass man beim Durchstieg die Hände zu Hilfe nehmen muss. Das »Trou« selbst ist für Nicht-Kletterer tabu.
2.15 Std. Gehzeit	
7 km Länge	**Einkehr:** Berghütten am Bavella-Pass
	Anfahrt: Mit dem **Auto** von Solenzara oder Zonza über die D 268 auf den Bavella-Pass, **Busverbindung** ab Zonza
	Ausrüstung: Fernglas
	Wanderkarte: IGN 4253 ET, Aguilles de Bavella, Solenzara

Vom Parkplatz auf der **Passhöhe** gehen wir zunächst 200 m die Teerstraße abwärts zur »Auberge du Col«. Rechts an ihr vorbei, erkennt man den breiten Waldweg, der unter prächtigen Lariciokiefern auf die Paliri-Kette zuschwenkt. Es ist der GR 20, dem wir freilich nur 10 Min. folgen. Dann biegen wir, der roten Markierung folgend, rechts auf einen leicht ansteigenden Pfad ab.

Es geht über weichen Nadelboden durch einen mit Farn, Nießwurz und Asphodelen bewachsenen Kiefernwald. Bald erreichen wir eine Gabelung mit Wegweiser. Geradeaus führt der orange markierte Weg hoch zu dem Höhenrücken, der sich vom Bavella- zum Velaco-Pass erstreckt. Wir folgen aber links dem Schild »U Cumpuleddu« (franz. Trou de la Bombe) und steigen jenseits des Bachbettes steil den Waldhang hinauf. Wenn sich oben die Wege mehren, behalten wir unsere Richtung bei und bleiben auf dem rot markierten Pfad. Er führt durch lichten Kiefernwald auf den runden Felsgipfel der Punta Velaco zu.

Sobald wir ins Freie treten, sehen wir links vom steil aufragenden Velaco am Ende eines lang gestreckten Bergrückens (Le Promontoire, 1420 m) ein markantes Felsenloch, unser Ziel. An abgestorbenen Kiefern vorbei, steigen wir jetzt hinunter zur **Bocca di Velaco,** die uns weniger ein Pass als eine zur Rast einladende Wiese zu sein scheint (1 Std.): Schatten spendende Kieferngruppen, umgestürzte Baumskelette, bizarre Felsblöcke. Noch wildromantischer wird es hinter der Kreuzung, auf die wir nun stoßen.

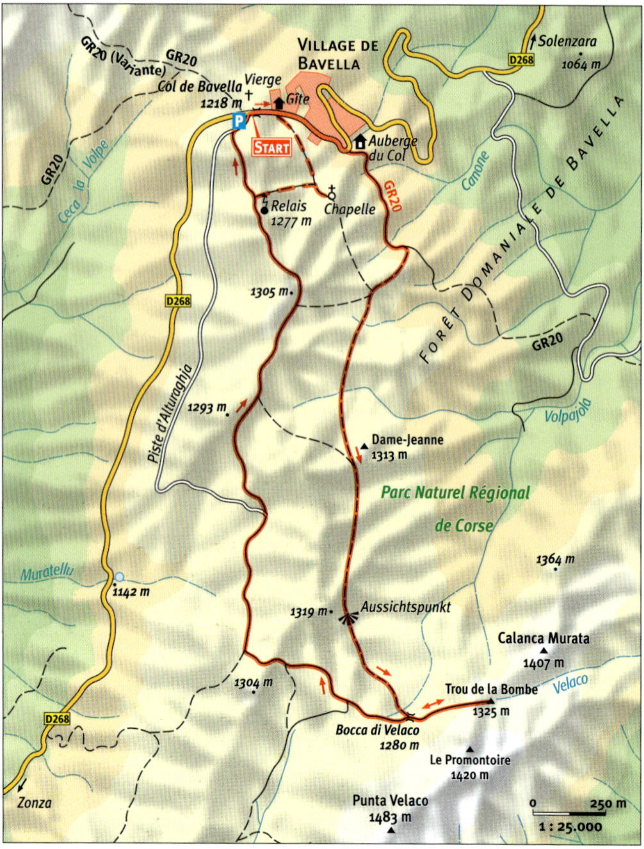

»U Cumpuleddu« lesen wir und zweigen links ab. Der Weg führt anfangs noch flach und bequem, dann zunehmend felsig in 15 Min. zum **Trou de la Bombe**. Es hat einen Durchmesser von etwa 8 m und liegt hinter

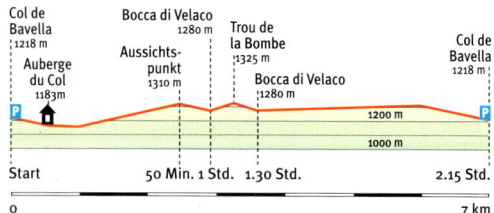

Aufstieg zum Trou de la Bombe

einem Felsentor, durch das man hindurchklettern kann. Den schönsten Blick auf das »Trou« hat man von diesem Durchstieg aus. Wir kehren dann wieder um und gehen in 15 Min. zur **Bocca di Velaco** zurück (1.30 Std.).

An der Passkreuzung gehen wir diesmal geradeaus. Der breite, leicht ansteigende Weg entfernt sich im Rechtsbogen von der Punta Velaco und schlängelt sich nach Erreichen einer sanften Höhe mit Ausblick ins Alta Rocca abwärts. Bei der nächsten Gabelung nehmen wir rechts den oberen Weg, der uns auf den Höhenrücken zurückbringt. Die Abzweigungen rechts ignorieren wir und gehen immer geradeaus weiter an einem Antennenmast vorbei direkt auf die Bavella-Wände zu, die vor Fingerhut und Asphodelen imposant aufragen. Kurz vor dem Pass biegt ein Pfad über Matten zur Marienkapelle hinunter ab. Auch von dort führt ein Weg zurück zum **Parkplatz,** den wir auf unserem Höhenweg freilich am schnellsten erreichen (2.15 Std.).

31

Tour

Ausflug in die Bronzezeit

Von Zonza nach Cucuruzzu und Capula

Aus dem waldreichen Plateau von Levie ragen bizarre Felshaufen, von denen schon prähistorische Nomaden zum Bavella-Massiv hinüberblickten. Ihre Festungen, Cucurruzu und Capula, sind Höhepunkte dieser eindrucksvollen Wanderung.

DIE WANDERUNG IN KÜRZE	
+ Anspruch	**Charakter:** Leichte Waldwanderung auf guten, teilweise promenadenartigen Wegen, feuchte Passagen nur im Bereich des Pian di Santu (Furt)
4.15 Std. Gehzeit	**Ausrüstung:** Trinkwasser, Proviant
13 km Länge	**Wanderkarten:** IGN 4254 OT, Sartène, und 4254 ET, Porto-Vecchio **Einkehrmöglichkeiten:** Snack-Bar bei den Fund-

stätten, Bars und Hotel-Restaurants in Zonza

Anfahrt: Mit dem **Auto** von Sartène oder Solenzara über die D 268. Mit der **Buslinie** Ajaccio–Porto Vecchio nach Zonza

Öffnungszeiten: Die Fundstätten sind täglich von 9.30–18 Uhr zugänglich, im Juni bis 19 Uhr, Juli/August bis 20 Uhr. Besichtigungsleitfaden und Audioguide sind in Deutsch erhältlich.

Am Kriegerdenkmal von **Zonza** kreuzen sich vier Straßen (Richtung Quenza, Bavella-Pass, Ospédale, Levie). Wir gehen auf letztgenannter 10 Min. abwärts, bis uns im unteren Ortsteil ein Schild (»Levie 3H«) rechts in einen Grasweg weist. Er ist orange markiert und führt erst breit, dann schmaler zwischen Steinmauern hindurch. Kaum hat er sich zu einem Rinnsal hinabgesenkt, steigt er bei einer ersten Gabelung scharf links nach oben. Wir hören jetzt ein Rauschen und gelangen sogleich an einen Waldbach, den **Pian di Santu**, den wir nach wenigen Minuten vor einer Mühlenruine an einer **Furt** überqueren (30 Min.).

Wir verlassen ihn nicht, sondern folgen der Mauer nach rechts am

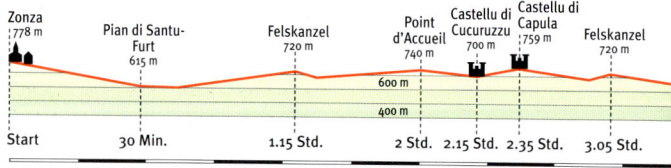

Cucuruzzu, Blick von der Festungskuppel

orographisch linken Ufer entlang. Zwischen Farn, Flechten und Moospolstern können wir Orchideen entdecken, während der idyllische Wasserlauf – unter dem schillernden Blätterdach – sich gelegentlich in zwei Arme teilt, um leicht mäandrierend die Stämme zu umfließen. Der Bach verschwindet schließlich nach rechts, wenn wir 10 Min. hinter der Furt nach oben steigen.

Es geht jetzt eine bemooste Mauer entlang durch prächtig durchmischten Steineichenwald hinauf auf das Plateau von Levie. Wir überqueren einen Forstweg, auf den wir

5 Min. später noch einmal treffen, um mit ihm auf eine beschilderte Gabelung zuzustreben. Links geht es nach »San Gavino di Carbini«, geradeaus führt der Forstweg weiter, und rechts zweigt unser Weg nach Levie ab. Er verengt sich zum Pfad, wird wieder etwas breiter und schwenkt – 5 Min. hinter der Wegkreuzung – nach links oben. Um die Abzweigung nicht zu verpassen, sollten wir auf die **Felskanzel** achten, die uns nach dieser zweiten, unbeschilderten Gabelung einen Blick auf die Bavella-Türme gestattet.

Es geht nun abwärts, erst sanft, dann relativ steil, bis wir 10 Min. später auf eine dritte, wieder beschilderte Gabelung stoßen. Hier biegen wir links (Richtung »Levie«) auf einen schönen Waldweg ein, der uns in 20 Min. zur **San Lorenzu-Kapelle** bringt. Wir befinden uns hier auf einem Privatgrundstück direkt unterhalb der Festung Capula. Auf dem

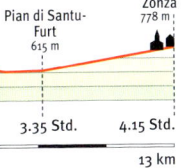

Pian di Santu-Furt 615 m
Zonza 778 m

3.35 Std.   4.15 Std.

13 km

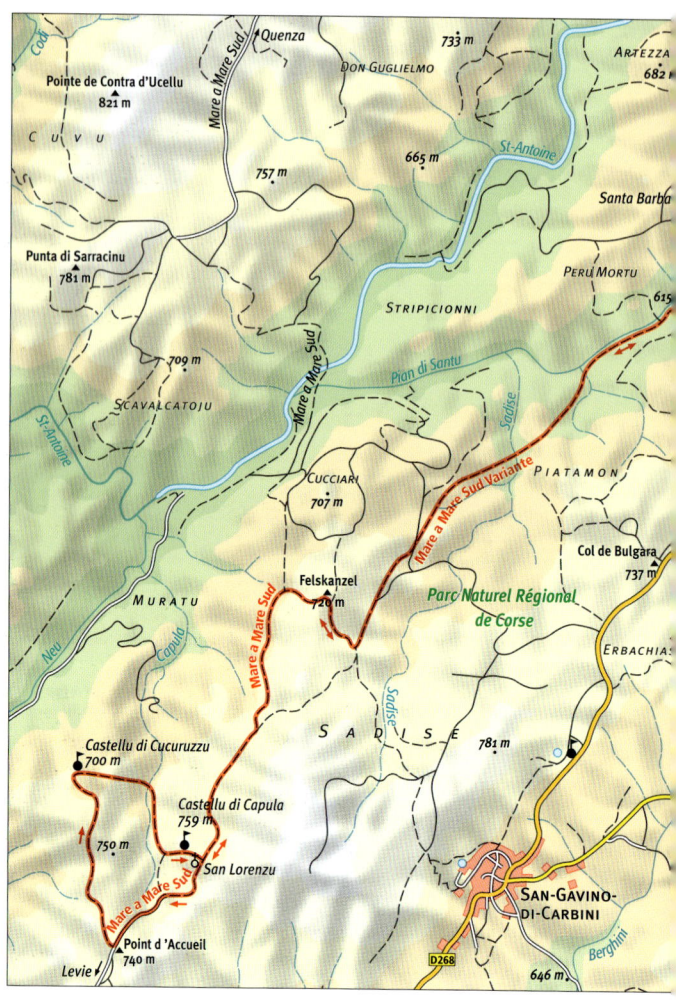

teilweise gepflasterten Waldweg geht es noch 15 Min. bis zum **Point d'Accueil** der Fundstätten (2 Std.).

Man erhält dort Eintrittskarten, einen Besucherleitfaden oder Kopfhörer (beides nach Wunsch in deutscher Sprache) und begibt sich auf den ausgeschilderten Rundweg, der von Station zu Station ganz naturnah in die prähistorische Lebenswelt einführt. In 15 Min. erreicht man die **Festung Cucuruzzu** und von da in gut 20 Min. das komplexer strukturierte Pendant von **Capula**. Für die Besichtigung der Torreanerburgen kann man eine knappe Stunde rechnen, die zur reinen Gehzeit hinzuzuzählen ist. Das weitläufige, weitgehend schattige Waldareal lädt im Übrigen zur Rast ein.

Torreanerburgen

Cucuruzzu und Capula, 1959 durch Luftaufnahmen entdeckt, sind prähistorische Rundbauten, die aus zyklopischen Steinen zusammengesetzt sind. Man datiert sie auf die mittlere Bronzezeit (1600 v. Chr.) und vermutet ein Mittelmeervolk, das – von Porto-Vecchio nach Südwesten vorrückend – den Megalithikern in die Quere gekommen ist. Dass es seine *castelli* auf einem von Granitblöcken gekrönten Höhenrücken des wasser- und wildreichen Alta Rocca errichtet hat, lässt den Rückschluss zu, dass es sich um ein Volk von Fischern, Jägern und Sammlern gehandelt hat, das auch schon von Viehzucht und Getreideanbau lebte und dabei war, sein halbnomadisches Leben aufzugeben. Den Namen »Torreaner« erhielten die Invasoren wegen ihrer turmartigen Fes-tungsbauten. Diese 3–7 m hohen *torre* haben einen Durchmesser von 10–15 m und bestehen aus einer Hauptkammer mit Kuppel, einem plattengedeckten Gang sowie Nischen und Ausbuchtungen. Cucuruzzu erscheint von außen als ein Chaos von etwa 5 m hohen Felsblöcken, die mit 1–5 m dickem Mauerwerk zu einem befestigten Komplex verbunden sind. Ins Innere gelangt man über eine Steintreppe, die zwischen den Hälften eines geborstenen Granitblocks nach oben führt. Der Eingang von Capula ist von großen, zum Teil tafonierten Felsblöcken eingerahmt. Eine bewaffnete Menhirstatue steht am Fuß der monumentalen Brüstung, die mit Kalkmörtel an den Naturfelsen gemauert wurde.

Die Besichtigungsrunde endet an der **San Lorenzu-Kapelle,** wo wir nach links den Rückweg einschlagen. Da wir die Strecke kennen und an den wichtigsten Abzweigungen Schilder nach »Zonza« zeigen, ist der Weg problemlos zu finden (4.15 Std.).

Hoch über dem Golf

Rundwanderung durch den Wald von Ospédale

Die Runde durch den abwechslungsreich untermischten Strandkiefernwald von Barocaggio-Marghese beginnt und endet in Ospédale, dem Tor zum südlichen Bergland. Erst sieht man den Golf von Porto-Vecchio, dann den Ospédale-Stausee unter sich liegen.

DIE WANDERUNG IN KÜRZE

+
Anspruch

2.45 Std.
Gehzeit

7 km
Länge

Charakter: Meist schattige Wanderung auf guten Waldwegen, vorübergehend auf Forststraßen, Orientierung problemlos

Ausrüstung: Trinkwasser

Wanderkarte: IGN 4254 ET, Porto Vecchio

Einkehr und Unterkunft: Gîte d'étape in Cartalavonu (Tel. 04 95 70 00 39), Bar-Restaurants in Ospédale

Anfahrt: Mit dem **Auto** oder **Bus** von Porto-Vecchio nach Ospédale

Variante: Die Pisanerkirche von Carbini mit ihrem frei stehenden Glockenturm (12. Jh.) ist ein lohnender Abstecher für Romanikliebhaber. Man muss für den Abstieg 1.15 Std., für den Aufstieg 1.30 Std. rechnen, so dass sich die Gehzeit auf 5.30 erhöht.

Die von Porto-Vecchio nach Zonza führende Ausflugsstraße (D 368) durchquert Ospédale in mehreren Kehren. Oberhalb des Ortes passiert sie einen Aussichtspunkt, hinter dem sich rechter Hand ein schattiger **Parkplatz** befindet. Auf der gegenüberliegenden Straßenseite markiert ein Holzschild (»Cartalavonu. Carbini«) den Beginn unseres Wanderweges, der gut sichtbar mit orangefarbenen Punkten gekennzeichnet ist.

Er schlängelt sich auf weichem Nadelboden durch den Kiefernwald, der von Baumheide und Steineichen untermischt und von Felsblöcken übersät ist. Nach sanftem Bergauf-Bergab geht es bald stetig aufwärts, bis wir, ins Freie tretend, die ersten Häuser von **Cartalavonu** sehen. Der Weiler liegt auf einem kleinen Plateau, von dem sich ein schöner Blick auf den Golf von Porto-Vecchio bietet. Wir ziehen – an brombeerum-

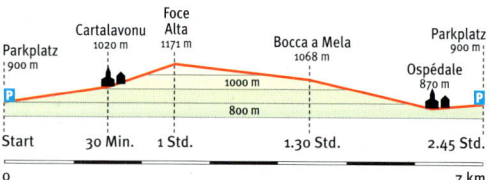

Der Stausee von Ospédale

rankten Felsbrocken vorbei – halbrechts nach oben zum **Gîte d'étape,** wo wir das Ende einer schmalen Teerstraße erreichen (30 Min.).

Hier finden wir unser Holzschild (»Carbini«) wieder. Der Pfad erklimmt jetzt einen Weidehang, vorbei an Schafställen, auf Felskuppen zu. Nach 10 Min. stoßen wir auf eine Forststraße, der wir links nach oben folgen, um sie nach der Kurve gleich wieder nach links zu verlassen. Je mehr wir an Höhe gewinnen, desto beeindruckender wird die Aussicht

133

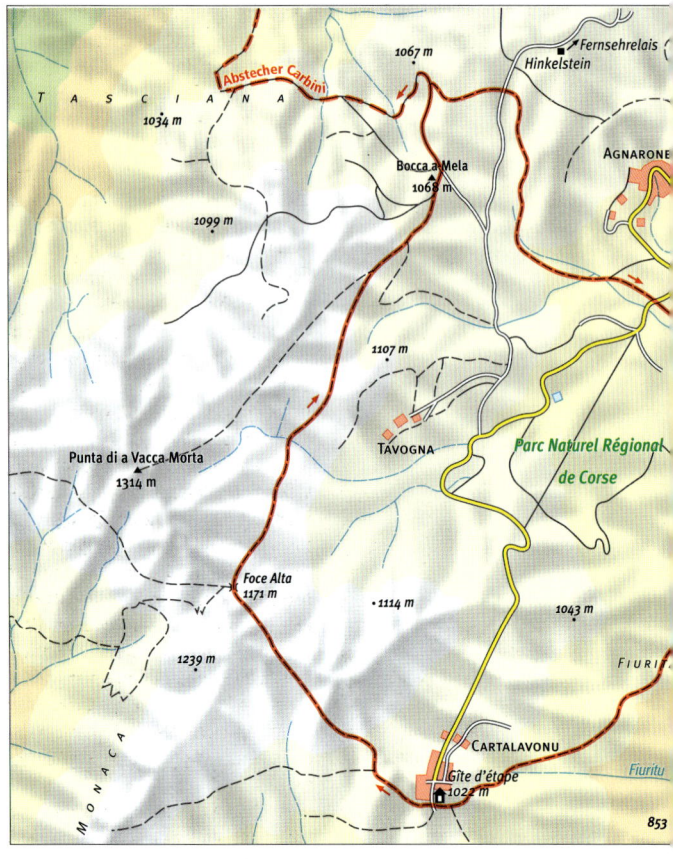

auf den Golf, dem wir nun den Rücken zukehren. Oben auf dem Kamm wechseln wir aus der baumlosen Garrigue in einen prächtigen Kiefernwald, den wir in nördlicher Richtung durchqueren. So sehen wir bald den Ospédale-Stausee und die beiden Weiler Tavogna und Agnarone rechts unter uns liegen. Es ist nicht mehr weit bis **Foce Alta**, die kleine Passhöhe unterhalb der Punta di a Vacca Morta (1 Std.). Bevor wir dem Wegweiser (»Col de Mela. Carbini«) nach rechts folgen, steigen wir noch ein paar Meter höher auf den

Sattel, um von dort einen Blick in das von Tälern zerfurchte Hinterland von Sartène zu werfen.

Der Weg führt nun sanft bergab, nach wie vor durch Kiefernwald, in dem häufiger strauch- und baumgroße Stechpalmen auftauchen. Wir folgen 5 Min. einer Forststraße, die wir in einer Rechtskurve abschneiden und queren. Dann erreichen wir die **Bocca a Mela** (1.30 Std.), frz. Col de Mela, eine große Kreuzung vor einem abgezäunten Grundstück. Der orangefarbenen Markierung nach geht es hier die Stromleitung ent-

Maison Forestière de Marghese

FORÊT DE BAROGAGGIO MARGHESE

Barrage de l'Ospédale

D368

53 m

CRÊTE DE LA FOCE

982 m

959 m

L'OSPÉDALE

'ART

P

Zonza, Porto-Vecchio

Belvédère

D368

763 m

0   250 m
1 : 25.000

sind die Teersträßchen, die wir jetzt der Reihe nach überqueren. Das erste führt links hinauf zu den Sendemasten des Fernsehrelais und passiert nach 400 m einen riesigen Hinkelstein, der – unter hohen Kiefern verborgen – Rätsel aufgibt. Aber Vorsicht: Wer kurz die Straße zu dem Monument vorgeht, muss sich für den Rückweg die unauffällige Stelle merken, an der unser Pfad weiterführt. Nachdem dieser die Straße gequert hat, schlängelt er sich leicht bergab durch hohen Farn und folgt bald einem unter Buchen und Pfefferminze versteckten Rinnsal.

Wenn der Weg breiter wird und auf die andere Seite des Bachbetts wechselt, müssen wir bei der Gabelung die rechte Abzweigung nehmen. Sie stößt nach wenigen Minuten auf die zweite, von der Maison forestière kommende Teerstraße, die wir sogleich überqueren. Wir hören rechts den größer gewordenen Bach sprudeln und gelangen an schönen Stechpalmen vorbei auf das dritte Sträßchen, dem wir nach links bis zur Hauptstraße (D 368) folgen.

Auch diese überqueren wir, um ein paar Meter weiter oben in einen breiten Waldweg einzubiegen und – vorbei an einem Wasserreservoir – auf die ersten Häuser von **Ospédale** zuzugehen (2.30 Std.). Wir folgen hier der Asphaltstraße kurz nach links, um beim dritten Beleuchtungspfeiler rechts in den Ort hinunterzugehen. Über einen Pfad, Treppen und eine steile Piste aus Granitsteinen gelangen wir in die Dorfkurve mit der Sonnenuhr. Links geht es zu den Restaurants hinunter, rechts zum **Parkplatz** hoch (2.45 Std.). Bevor wir ihn erreichen, bietet sich noch einmal ein weiter Blick auf den Golf von Porto-Vecchio.

lang, bis am Ende des Zauns ein Pfad halblinks im Wäldchen verschwindet. Wir sehen links unten Carbini durchs Gebüsch leuchten und kommen nach wenigen Minuten an eine Gabelung. In Pfeilrichtung links geht es nach Carbini hinunter, ein interessanter **Abstecher,** der in die Knie geht (510 Höhenmeter). Wir wenden uns hier nach rechts, um auf zunächst unmarkiertem Weg unsere Runde fortzusetzen.

Bald tauchen auch hier wieder die orangefarbenen Markierungspunkte auf. Eine weitere Orientierungshilfe

Der Turm, der Pfad, die Gischt

Küstenrundweg auf dem Kap von Campomoru

Der idyllische Ankerplatz von Campomoru ist allein einen Ausflug wert. Die Wanderung führt mitten ins Naturschutzgebiet, vom Genueserturm die tosende Westküste entlang und auf einem Höhenweg mit fantastischen Ausblicken wieder zurück zum Kap.

DIE WANDERUNG IN KÜRZE

++
Anspruch

3.15 Std.
Gehzeit

7 km
Länge

Charakter: Gut ausgeschilderter Rundweg, im Turmbereich als Lehrpfad angelegt. Anschließend bequemer Küstenweg mit (vermeidbarem) Felsdurchstieg. Schließlich folgt ein neu angelegter Höhenweg, der gelegentlich die alte Piste kreuzt.

Ausrüstung: Trinkwasser, Badezeug, Fernglas

Wanderkarte: IGN 4154 OT, Propriano, Golf de Valinco

Einkehrmöglichkeiten: Strandbars und Fischlokal »Bar des amis« in Campomoru

Anfahrt: Mit dem **Auto** von Propriano/Sartène kommend über die Küstenstraße D 121 bis Campomoru

Hinweis: Im Wandergebiet sind motorisierte Fortbewegung und wildes Campen untersagt. Außerdem: Kein Feuer machen!

Die D 121 führt mit großartigen Ausblicken auf den Golf von Valinco bis **Campomoru:** Für Autofahrer ist hier Endstation. Wir parken im Ort, der mit seinen einladenden Strandbars eine traumhafte Badebucht säumt. Vor dem Fischlokal »Bar des amis« zeigt ein Schild zum Genueserturm. Die Straße, für den Verkehr gesperrt,

führt nun durch die Villensiedlung Calanova und wird zur Betonpiste. Nach 15 Min. geht es rechts ab durch Macchia auf den beschilderten Lehrpfad zum Turm (»Sentier u Torregianu«). Wir erreichen ihn, zum Teil über Stufen aufsteigend, 10 Min. später.

Der **Genueserturm Campomoru,** von nachfolgenden Besatzern durch

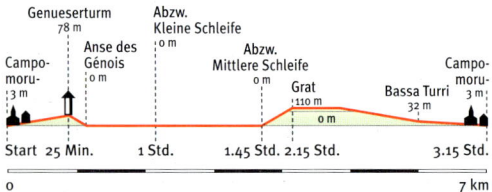

Genueserturm 78 m · Abzw. Kleine Schleife 0 m · Anse des Génois 0 m · Campomoru 3 m · Abzw. Mittlere Schleife 0 m · Grat 110 m · 0 m · Bassa Turri 32 m · Campomoru 3 m

Start 25 Min. · 1 Std. · 1.45 Std. 2.15 Std. · 3.15 Std.

0 · 7 km

Hinter der Punta di Scoddilonghi

eine sternförmige Befestigungs-
mauer zusätzlich gesichert, war zu
seiner Zeit auf Korsika von allen
Wachtürmen der mächtigste. Es
lohnt sich, auf die Plattform hochzusteigen und von dort den Rundblick
zu genießen. Wir sehen von oben
auch unseren Weg, wie er sich von
der zerklüfteten **Anse des Génois** in
die Strandwiesen I Pozzi hinüber-
schlängelt (30 Min.). Wenn wir, wieder unten, am Turm links abbiegen,
stehen wir in knapp 10 Min. im Fel-
sengewirr der Genueserbucht und
kaum 10 Min. später am Südrand der
Wiese vor einer Gabelung. Hier

0   500 m
1 : 35.000

Punta di Campomoru
Anse des Gênois
Torra di Campomoru
78 m
Bassa Turri 32 m
CALANOVA
I Pozzi
8 m
Punta di Scoddilonghi
CASELLE
Kleine Schleife
START
Mittlere Schleife
I Migini
CAMPOMORU
Punta di Scalonu
117 m
JACOM ALFONSU
D121
Baie de Canuseddu
CHÂTEAU DURAZZO
PALAVONE BARG
22 m
CANUSEDDU
PIRETTU
U Puntonu
41 m
·138 m
CHIALZINA
Punta di Manna Mulina
180 m
CHIAPPARELLE
171 m
260 m
SALINA
CAMPANILE
130 m
Vangone / I'Auria
RAVIN DE CACCIATORA
ARATESI
247 m
Cala d'Acudda
PORTU D'AUCIA
162 m
62 m
Bergeries de Padulaccia
3 m

schlagen wir rechts den Küstenpfad (»Sentier littoral«) ein.

»I Migini« markiert ein Schild den geschützten Küstenbereich, der uns nun mit Myrten- und Wacholderbüschen empfängt. Der bequeme Sandpfad führt leicht oberhalb der von Gischt umbrandeten Felsküste teilweise durch schattiges Unterholz. Nach 20 Min. ist die nächste Gabelung erreicht und es besteht die Möglichkeit, links ab auf dem Höhenrücken zum Turm zurückzukehren: Es ist dies die kleine Schleife »Boucle des Pozzi« (mit einer Gesamtdauer von 2 Std.). Wir empfehlen aber, an diesem Etappenpunkt (1 Std.) geradeaus dem zunehmend spektakulären Küstenweg weiter zu folgen.

Der Fußpfad trennt sich nun vom Reitweg und führt rechts unter einem 49 m hohen Felsen durch ein Chaos von Tafoni-Bildungen. Die grüne Markierung weist uns in die Felsenbucht hinunter und anschließend durch einen ›Kamin‹ wieder hinauf auf den Reitweg. Wer nicht trittsicher ist, kann diesen Steig einsparen, indem er auf der Pferderoute bleibt. In jedem Fall passieren wir die Landzunge von Scoddilonghi, hinter der uns die nächste Bucht mit wild umschäumten Felsinseln erwartet. Im Süden begrenzt sie die Punta di Scalonu, eine Felsenburg, die wir rechts liegen lassen.

Der kleine Sattel, über den wir hier gehen, eröffnet einen weiten Blick über die lang gestreckte **Baie de Canuseddu**. Der Weg schwenkt jetzt östlich in eine ausgedehnte Strandweide, in der zwischen dichten Wacholderbüschen die Hitze steht. Die letzte Gabelung liegt fast 45 Min. zurück, da stoßen wir über einem kleinen Strand erneut auf eine Abzweigung, die von der Küste

weg auf den Höhenrücken führt: Es ist dies die mittlere Schleife **»Boucle de Canuseddu«** (1.45 Std.). Wer in seiner Begeisterung die nun freilich öder werdende Küste weiter nach Süden wandern will, kann mit der entsprechenden Ausdauer immer noch nach Campomoru zurückkehren, wenn er die große Schleife »Boucle de Manna Mulina« (insgesamt etwa 7 Std.) wählt.

Wir entscheiden uns für die **mittlere Variante** und gehen ein Mäuerchen entlang landeinwärts durch die Macchia, wo wir an einem Teich die alte Piste kreuzen und das hoch wachsende Gehölz in einem natürlichen Tunnel durchqueren. 10 Min. nach der Abzweigung folgen wir an einer Gabelung dem Schild links Richtung Campomoru, um nach weiteren 15 Min. Aufstieg auf den **Gratweg** zu stoßen. Er kommt von rechts aus der Macchia (große Schleife) und schlängelt sich links noch ein Stück bergan, bis sich ein großartiger Blick auf den Genueserturm bietet. Durch ein Mäuerchen und über die alte Piste hinweg gelangen wir an einen **Dreschplatz** (2.30 Std.). Von links kommt eine Abkürzung von der Küste hoch (kleine Schleife), rechts geht es weiter nach Campomoru. Von hier sind es noch 20 Min., bis wir auf dem allmählich abwärts gerichteten Höhenweg die Basis des **Turms** erreichen (»Bassa Turri«).

Wenn wir dort auf den Rundweg stoßen, gehen wir rechts die Treppen hoch. Oben erreichen wir die Piste, der wir links durch die Villensiedlung folgen. So schlendern wir auf dem Hinweg zurück nach **Campomoru** (3.15 Std.).

Steinerne Fabelwesen

Küstenwanderung bei Tizzano

Von Tizzano, dem befestigten Hafen Sartènes, schlängelt sich eine Piste zu immer einsameren Mini-Buchten. Bizarre Hohlfelsen, so genannte Tafoni, bilden fantastische Figuren am Wegrand. Am Ende der Wanderung winkt der Leuchtturm von Senetosa.

DIE WANDERUNG IN KÜRZE

+
Anspruch

3 Std.
Gehzeit

11 km
Länge

Charakter: Bis zur Cala di Barcaju eine von tiefen Rinnen durchzogene, nur für Geländewagen oder Mountainbikes geeignete Piste, danach schöner Küstenweg; durchweg ohne Schatten

Ausrüstung: Trinkwasser, Badezeug

Wanderkarte: IGN 4154 OT, Propriano, Golf de Valinco

Einkehrmöglichkeiten: Chez Antoine in Tizzano

(Tel. 95 77 07 25), Langusten vorbestellen!

Anfahrt: Mit dem **Auto** von Sartène über die D 48 nach Tizzano

Hinweis: Am Rande der D 48 liegen prähistorische Denkmäler ersten Ranges: die Menhir-Reihen *(alignements)* von Pallaghiu. Es geht auf der Höhe des Weingutes Mosconi in 15 Min. Fußmarsch zur Fundstätte (s. auch S. 143).

In **Tizzano** geht die Asphaltstraße (D 48) in eine Piste über, die den fjordartigen Ankerplatz, die tief eingeschnittene Cala di Tizzano, umrundet. Wir starten im Fischerdorf, machen im Sumpfgebiet der Flussmündung eine weite Schleife und ersteigen dann den gegenüberliegenden Burghügel. Leider verwehren Privatgrundstücke den direkten Zugang zur Festungsruine. Erst wenn die Erdpiste sich zur nächs-

ten Bucht, der Cala di Tromba, hinabsenkt, führen zwei Seitenwege im großen Bogen links hinüber zum **Fort** (45 Min.). Wir sind jetzt eine halbe Stunde unterwegs und müssen für den **Abstecher** hin und zurück noch einmal dieselbe Zeit rechnen.

Der Hauptweg führt über der Tromba-Bucht weiter nach Barcaju. Südwärts blicken wir auf die Landzunge von Zivia, die den Golf von

Tizzano		Fort	Cala di Barcaju	Cala di Capicciolu	Cala di Barcaju
0 m		10 m	0 m	0 m	0 m
Start		45 Min.	1.15 Std.	1.45 Std.	2.15 Std.

0

Tafoni-Felsen an der Punta di Barcaju

Tizzano
0 m
3 Std.
11 km

Tizzano von der nächsten Bucht trennt. Wir streben freilich in entgegengesetzter Richtung zu den nordwestlichen *calas*, winzigen Buchten, die sich vor dem **Capu di Senetosa** in dichter Folge aneinander reihen. So

141

ignorieren wir die Privatstraßen, die links in die Feriensiedlung hineinführen, um hinter dem Viehgatter zur **Cala di Barcaju** (1.15 Std.) hinunterzugehen. Die Weideplätze der Bachmündung grenzen hier an einen kleinen Sandstrand, wo wir in kristallklarem Wasser ein erstes erfrischendes Bad nehmen können.

Jenseits des Baches führt die Piste kurz bergan und verzweigt sich dann in mehrere Fahrrinnen, die alle westwärts streben. Wir halten uns möglichst küstennah und folgen den Strommasten in die freie Macchia, um dann geradewegs auf die vor uns aufragenden Felsplastiken zuzusteuern. 15 Min. nach unserem Aufbruch

Vorgeschichtliche Fundstätte bei Tizzano: die Steinreihen von Pallaghiu

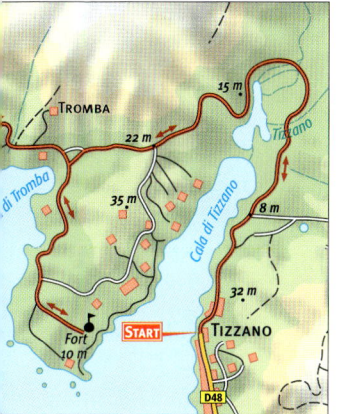

Alignements de Pallaghiu

Man kennt die vorgeschichtlichen Steinreihen aus Südengland und der Bretagne. Im Mittelmeerraum kommen sie fast nur auf Korsika und dort vor allem im Süden vor, wobei Pallaghiu neben Cauria die bedeutendste Fundstätte ist. Die Einheimischen nennen den Ort auch »Campu di u Morti« (Feld der Toten), weil die reihenweise umgestürzten Menhire an gefallene Soldaten erinnern. Die 258 Monolithen gruppieren sich zu sieben Alignements, die mit einer Ausnahme (vermutlich ein Vorratslager) alle in Nord-Süd-Richtung verlaufen. Sechs Säulen haben menschliche Gestalt, wobei eine mit einem eingravierten Schwert bewaffnet ist. 15 m südöstlich vom längsten Alignement erblicken wir im Felsenchaos ein kleines Steinkistengrab (180 x 70 cm), in dem man einen Bronzedolch, einen Goldring, vier Vasen und andere Beigaben fand.

So sind die Menhir-Reihen offensichtlich Monumente eines Totenkults, der sich von der steinzeitlichen Bestattung in Naturhöhlen gelöst hat. In einer ersten Phase (Ende 4. Jt. bis Mitte 3. Jt.) ›bewachten‹ ein oder zwei Steinsäulen das von einem Erdhügel bedeckte Grab. Diese ursprünglich 1–2 m hohen Menhire wuchsen in einer zweiten Phase (3. Jt. bis Mitte 2. Jt.) auf doppelte Größe an und wurden weit entfernt von den Gräbern errichtet. In der dritten Phase (1400–1300 v. Chr.) wurden die anthropomorphen MenhirStatuen weiter verfeinert, so dass auch Bekleidung und Waffen erkennbar werden.

vom Strand verengt sich die zunehmend von Felsplatten durchsetzte Piste. Der Weg schneidet hier die Punta di Barcaju ab und erreicht dann – vor bizarren Inselsplittern – einen fantastischen Küstenabschnitt. Unzählige Blöcke und Tafoni türmen sich zu einer Menagerie von Fabelwesen, denen inspirierte Zeitgenossen hier und da ein Auge oder einen Mund verpasst haben. 10 Min. später endet die Piste vor der idyllischen **Cala di Capicciolu,** hinter der nur noch schwer erkennbare Macchia-Pfade weiterführen (1.45 Std.).

Wenn wir auf der Westseite der winzigen Bucht auf die Felszunge Punta di Capicciolu steigen, blicken wir über die nächsten Calas auf den Leuchtturm von Senetosa, der unterhalb des alten Genueserturms aus völliger Verlassenheit herübergrüßt. Auf demselben Weg geht es in 1.15 Std. zurück nach **Tizzano,** wo wir direkt über dem Hafen beim Fischer-Wirt »Chez Antoine« Langusten verzehren können (3 Std.).

Das ›Korsische Gibraltar‹

Klippenweg zum Leuchtturm von Pertusato

Von Bonifacio führt ein Panoramaweg die berühmte Steilküste entlang zum ältesten Leuchtturm der Insel. Er steht über einem zerklüfteten Kap mit Grotte, Strand und vorgelagertem Felsen. Die Nordküste Sardiniens liegt nur 12 km entfernt.

DIE WANDERUNG IN KÜRZE	
+ Anspruch	**Charakter:** Guter Promenadenweg, man sollte dennoch nicht zu nahe an die Klippenkante herantreten. Vorsicht auch bei kräftigem Wind!
2.30 Std. Gehzeit	**Ausrüstung:** Trinkwasser, Badezeug, Fernglas
8 km Länge	**Wanderkarte:** IGN 4255 OT, Bonifacio

Einkehrmöglichkeiten: Im Hafen von Bonifacio gibt es zahlreiche Lokale.

Anfahrt: Mit dem **Auto** oder **Bus** (von Ajaccio, Bastia, Corte, Porto-Vecchio oder Zonza) nach Bonifacio

Der Klippenweg beginnt in **Bonifacio** am **Col Saint-Roch.** Er befindet sich auf halber Höhe des gepflasterten Fußweges, der vom Hafen zur Zitadelle hochführt und vor der gleichnamigen Kapelle die Straßenkehre kreuzt. Wir wenden uns nach Osten und steigen in bequemen Stufen zu den weiß gezackten Kreideklippen hoch. Links blicken wir über den Naturhafen auf das Plateau und weiter zu den Cagna-Bergen, rechts sehen wir auf der anderen Seite der Meerenge die Nordküste von Sardinien mit ihren Inseln.

Auf den Klippen geht es fast eben über Kreideplatten durch spärliche Wacholdervegetation. Wir müssen uns nur davor hüten, zu nah an den Steilabfall heranzutreten, wenn wir die geriffelten Wände entlang auf das formschöne ›Sandkorn‹, einen

herausgelösten Kreideblock, hinunterblicken. Nach 20 Min. steigt der Weg erneut an und erreicht dann die Asphaltstraße (D 260), der wir – parallel auf einem Schotterweg – ein kurzes Stück folgen.

An einer sorgsam geschichteten Kalksteinmauer stoßen wir dann auf eine Kreuzung. Geradeaus geht es quer durch das Land der *barraconi* – wir sehen ein schönes Exemplar dieser Steiniglus vor uns auf dem Hügel – zur Piantarella-Bucht mit Campingplatz, Bootsanlegestelle und einer ausgegrabenen Römersiedlung. Rechts zweigt die Straße zum Leuchtturm ab, in die wir jetzt einbiegen.

Sie führt abwärts, dann wieder aufwärts an halb zerstörten Befestigungsanlagen vorbei. An der **Sémaphore-Station** (Küstenwache) erwei-

Am Capu Pertusato

A TESTA

Barraconi

Capello
59 m

Site Préhistor
de l'Araguina

N196

Grotte Marine
du Sdragonato

Zitadelle

Hafen

Phare de la
Madonetta

Grotte
St-Antoine

Pointe du
Timon

BONIFACIO

St-Roch

Hôpital

D58

71 m

START

CÔTE ACC

Bouche
de Bonifacio

0   500 m

1 : 30.000

Santa Teresa
Gallura

Archipel
des Lavezzi

tert sich das Blickfeld nach Osten zu den Lavezzi-Inseln, und der alte **Leuchtturm** von Pertusato kommt in Sicht. Wir gehen die Straße weiter zur Kurve hinunter, wo zwei Fußwege nach links abzweigen. Hier nehmen wir den schmaleren zweiten, um auf einem Pfad quer durch die

Macchia die große Straßenschleife abzukürzen. Wenn wir 10 Min. später wieder auf das Teersträßchen stoßen, sind wir fast am Ziel.

Auf der anderen Seite der Straße sind drei Wege zu erkennen: Sie führen zu einem Grasplateau (rechts), zum Strand von Saint-

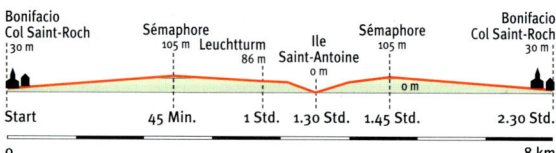

Bonifacio
Col Saint-Roch
30 m

Sémaphore
105 m

Leuchtturm
86 m

Ile
Saint-Antoine
0 m

Sémaphore
105 m

Bonifacio
Col Saint-Roch
30 m

0 m

Start

45 Min.   1 Std. 1.30 Std. 1.45 Std.   2.30 Std.

0   8 km

Wegstrecke, wenn wir auf den Klippenweg einschwenken und hoch über dem Meer die Festungsstadt auf ihrem weißen Felspodest thronen sehen.

Die Meerenge von Bonifacio

Nur 12 km trennen das ›korsische Gibraltar‹ von der Nordküste Sardiniens. Die Meerenge ist im Übrigen von einer Inselkette (Cavallo – Lavezzi – Razzoli – Budelli – Maddalena – Caprera) durchzogen, die eine frühere Landverbindung nahe legt. Vermutlich haben Erdverschiebungen den Isthmus in die Vielzahl von Inseln und Klippen zersplittert, die für die Gefährlichkeit der Durchfahrt verantwortlich sind. Auf den Lavezzi-Inseln erinnern zwei Friedhöfe und eine Gedenkpyramide noch immer an das Schicksal der »Sémillante«, die am 18. Februar 1855, mit 773 Mann Besatzung Richtung Krim unterwegs, an einem Felsen zerschellte.

Kurz vorher und wenig später sind die Leuchttürme erbaut worden, die vom Capo di Feno (1874) über Madonetta (1854) und Pertusato (1844) bis hinüber zu den Lavezzis (1874) eine kontinuierliche Küstenüberwachung ermöglichen. Sie können aber bis heute nicht verhindern, dass in der Straße von Bonifacio regelmäßig Schiffe auflaufen. Denkt man an die Ladung der Tanker, so spürt man die Gefahr, die in den hier und da auftauchenden Teerflecken vielleicht schon lauert. Eine Ölpest brächte ganzen Kolonien seltener Seevögel den schwarzen Tod und führte alle ökologischen Anstrengungen (Naturreservat Lavezzi) ad absurdum.

Antoine (Mitte), zum Phare de Pertusato (links). Wenn wir zum **Leuchtturm** vorgehen, sehen wir unter uns das eigentliche Capo Pertusato, ein – wie der Name sagt – »durchlöchertes Vorgebirge« (1 Std.). Es lohnt sich, die 80 m hinunterzusteigen, um vor dem **Saint-Antoine-Inselchen** im Sand zu ruhen, auf der anderen Seite in die Grotte zu schauen und vom dazwischen liegenden Felsvorsprung nach Bonifacio zurückzublicken (1.30 Std.).

Von hier geht es in 1 Std. zurück nach **Bonifacio** (2.45 Std.). Ausgesprochen spektakulär ist die letzte

Kleiner Sprachführer

Französische Begriffe

à gauche – links
à droite – rechts
aire de pique-nique – Picknickplatz
alignement – Steinallee, Reihe von Menhiren
anse – kleine Bucht
arrêt – Haltestelle
baie – Bucht
balade – Spaziergang
balisage – Markierung
belvédère – Aussichtspunkt
bergerie – Schäferei, Almhütte
boulangerie – Bäckerei
buvette – Erfrischungskiosk
calanche – Steilküste
cascade – Wasserfall
chambre – Zimmer
chapelle – Kapelle
chemin – Weg
cimetière – Friedhof
circuit – Rundweg
col – Pass
corniche – Höhenstraße
crête – Grat, Kamm
curiosité – Sehenswürdigkeit
défilé – Schlucht, Engpass
difficile – schwierig
distance – Entfernung
église – Kirche
épicerie – Lebensmittelladen
est – Osten
ferme-auberge – Landgasthof
feu – Feuer
facile – leicht
falaise – Steilküste
fleuve – Fluss
forêt – Wald
gare – Bahnhof
gîte – Unterkunft
gorge – Schlucht
grotte – Höhle
guide – Führer

île – Insel
incendie – Brand
itinéraire – Route
lac – See
maison – Haus
mairie – Rathaus, Bürgermeisteramt
maquis – Macchia
marché – Markt
marin – Hafen
médecin – Arzt
mer – Meer
météo – Wetterbericht
montagne – Gebirge
moulin – Mühle
neige – Schnee
nord – Norden
office de tourisme – Fremden-verkehrsamt
orage – Gewitter
ouest – Westen
parking – Parkplatz
passerelle – Steg
phare – Leuchtturm
pharmacie – Apotheke
plage – Strand
pluie – Regen
point de vue – Aussichtspunkt
pont – Brücke
pont suspendu – Hängebrücke
port – Hafen
rade – Ankerplatz
randonnée – Wanderung
refuge – Berghütte
repas – Mahlzeit
rocher – Fels
route – Straße
ruisseau – Bach
sentier – Pfad
site – Stätte
soleil – Sonne
sommet – Gipfel
source – Quelle
sud – Süden
temps – Wetter

tour – Turm
tout droit – geradeaus
train – Zug
vallée – Tal
vent – Wind
le village – Dorf
VTT – Mountainbike

Korsische Begriffe

acqua – Wasser
aghja – Dreschplatz, Tenne
bocca – Pass, Sattel
bosco – Wald
brocciu – Frischkäse
cairn – Steinmännchen
cala – kleine Bucht
calanca – Felswand
campagna – Wildnis
capanna – Schäferhütte
capo – Landzunge
capu – Bergkuppe
casa – Wohnhaus
casgile – Käsereifungskeller
castellu – Festung, Burg
chiesa – Kirche
cima – Gipfel, Spitze
circulu – Hain, Kulturland
cumpulu – Schafpferch
fium(e) – Fluss

foce – Pass
fragnu – Ölmühle
fucone – Feuerstelle
funtana – Brunnen
grataghju – Kastaniendarre
maccia - Macchie
mandria – Ziegenpferch
mare – Meer
muntagna – Gebirge
paese – Dorf
pagliaghju – Strohschuppen
partitu – Clan
pasculu – Weideland
piaghja – Küstenzone
piazza – Dorfplatz
pievana – Pfarrkirche
pieve – Talschaft, Pfarrei, Kanton
pinzuti – Festlandsfranzosen
pozzines – Feuchtwiesen
punta – Bergspitze, Landspitze
rocca – Fels
rughjone – gepachtetes Weideland
salla – Gemeinschaftsraum
spelunca – Höhle
spin' a cavallu – Bogenbrücke
stantare – Menhir
stazzona – Dolmen
tafoni – Hohlblöcke
teghje – Steinschindeln
torre – prähistorischer Turmbau

Abkürzungen

ONF: Office National des Forêts – Staatliche Forstbehörde
PNCR: Parc Naturel Régional de la Corse – Naturpark Korsika
SOMIVAC: Société pour la Mise en Valeur agricole de la Corse – Gesellschaft zur Modernisierung der Landwirtschaft
SNCF: Société Nationale des Chemins de Fer – Staatliche Eisenbahngesellschaft

SMCM: Société National Maritime Corse Mediterranée – Staatliche Schiffahrtsgesellschaft

Internet-Adressen

www.visit-corsica.com: Offzielle Website des korsischen Tourismusverbands (franz., engl., ital.), Links zu allen örtlichen Fremdenverkehrsämtern.

www.parc-naturel-corse.com: Website der Regionalparkverwaltung, Infos speziell für Wanderer (franz.)

www.internetcom.fr/corsica/de/home.htm: Verschiedene Themenbereiche in drei Sprachen (auch inDeutsch)

www.annuaire.com: Telefonbuch und gute Suchmaschine, viele Veranstaltungstipps (franz.)

www.corsica-guide.com: Adressen von Hotels, Ferienwohnungen und sonstigen Unterkünften (franz.)

www.korsika-tours.de: Vermittlung privater Ferienhäuser (deutsch)

www.corsicaferries.com, www.moby lines.de, www.HappyLines.it, www. sncm.fr: Websites der verschiedenen Fähren mit Buchungsmöglichkeit

---

Hinweis: Autoren und Verlag haben alle Angaben mit größtmöglicher Sorgfalt überprüft. Gleichwohl sind Fehler nicht vollständig auszuschließen. Alle Angaben erfolgen ohne Gewähr.

Register

DUMONT EXTRA

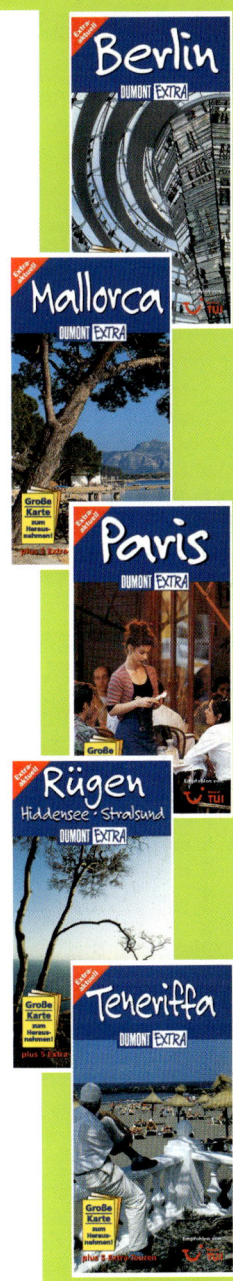

»Sehr handlich und aktuell mit gut
auf den Text abgestimmter Karte.
Knappe Informationen für den
schnellen Überblick.«
Stiftung Warentest

»Es handelt sich hier um kompakte
Reiseführer mit verlässlichen, top-
aktuellen Tipps und wirklich lohnen-
den, originellen Routenbeschreibun-
gen. Insgesamt bietet ›DUMONT Extra‹
Tipps, Tipps und nochmals Tipps.«
Nordbayerischer Kurier

»Diese Reiseführer unterscheiden sich
wohltuend von anderen Produktionen
dieses Genres. Ausführlich machen sie
den Touristen mit der Geschichte der
jeweiligen Region bekannt, wecken so
schon vorab Verständnis für Land und
Leute im künftigen Urlaubsziel.
Die Hinweise für Sehenswürdigkeiten,
Unterkünfte und Restaurants sind aktuell recherchiert und sehr detailreich.«
Lausitzer Rundschau

Weitere Informationen über die Reihe
DUMONT EXTRA erhalten Sie bei
Ihrem Buchhändler oder beim

DUMONT Reiseverlag
Postfach 10 10 45
50450 Köln
www.dumontreise.de

Abbildungsnachweis

Christian Heeb/Look, München   S. 85
Miguel Gonzales/laif, Köln   S. 142

Alle übrigen Abbildungen stammen von Alo und Nikolaus Miller, München.

Kartografie:DuMont Reisekartografie, © DuMont Reiseverlag, Köln

Schreiben Sie uns! Zum Beispiel, wenn sich etwas geändert hat, wenn Sie Lob oder Kritik äußern oder Anregungen und Tipps geben möchten. Autoren und Verlag freuen sich über Rückmeldungen zum Buch. Wir leiten Ihre Post auch gern an die Autoren des Bandes weiter.
DuMont Reiseverlag
Postfach 101045
50450 Köln
E-Mail: info@dumontreise.de

Impressum

Titelbild: Die große Spasimata-Hängebrücke
S. 1: Wegweiser in Cartalavonu
S. 6: Pozzines im Hochgebirge beim Col de Verde
S. 8: Das Bergdorf Evisa
S. 10: Steinhütte auf einer Winterweide
S. 12: Auf dem Markt in Ajaccio
S. 14: Blühende Macchia

Über die Autoren: Alo Miller (geb. 1950) studierte Germanistik, Geschichte, Sozialkunde und arbeitet heute als Lehrerin in München. Dr. Nikolaus Miller (geb. 1949) studierte Germanistik und Romanistik und unterrichtet in Augsburg. Korsika kennen beide von zahlreichen Aufenthalten und Wanderungen.

© 2003 DuMont Reiseverlag, Köln
Alle Rechte vorbehalten
Grafisches Konzept: Groschwitz, Hamburg
Druck: Rasch, Bramsche
Buchbinderische Verarbeitung: Bramscher Buchbinder Betriebe

ISBN 3-7701-5534-3